华为的战略

王京刚 谢雄 ◎ 著

HUAWEI
STRATEGY COURSE

华文出版社
SINO-CULTURE PRESS

图书在版编目（CIP）数据

华为的战略 / 王京刚, 谢雄著. -- 北京 : 华文出版社, 2020.8

ISBN 978-7-5075-5209-6

Ⅰ. ①华… Ⅱ. ①王… ②谢… Ⅲ. ①通信企业—企业管理—经验—深圳 Ⅳ. ①F632.765.3

中国版本图书馆CIP数据核字（2019）第243324号

华为的战略
HUAWEI DE ZHANLUE

著　　者：	王京刚　谢　雄
出版策划：	兴盛乐
责任编辑：	胡慧华
特约编辑：	张艳红
出版发行：	华文出版社
社　　址：	北京市西城区广安门外大街305号8区2号楼
邮政编码：	100055
网　　址：	http://www.hwcbs.com.cn
电　　话：	总编室 010-58336239　发行部 010-58336267　58336230 责任编辑 010-58336197
经　　销：	新华书店
印　　刷：	北京柯蓝博泰印务有限公司
开　　本：	710×960　1/16
印　　张：	14
字　　数：	162千字
版　　次：	2020年8月第1版
印　　次：	2020年8月第1次印刷
书　　号：	ISBN 978-7-5075-5209-6
定　　价：	42.00元

版权所有　侵权必究

推荐序

"如果要在中国的高技术领域做一个国际化的企业、开拓全球市场,我们没有任何经验可以借鉴,只能靠摸索,靠在市场中摸爬滚打,在残酷的竞争中学习。"正如任正非所说,历经三十载,华为在不断的探索和竞争中发展、蜕变,如今的华为已成为具有世界影响力的伟大企业,并且兼具中国特色与全球视野。放眼全球,不论从发展速度还是国际影响力来看,华为都可称为商业发展史上的奇迹。

华为的奇迹极大地提升了中国企业在世界商业生态中的自信心和影响力,它不仅是中国企业的一座标杆,更是中国企业走向世界的重要表率。毫无疑问,华为的成功很大程度上得益于它的战略,这一战略不仅让华为在全球的商业竞争中脱颖而出,更为中国企业走向国际提供了良好的战略蓝本。

经济的高速发展对现代企业的战略管理提出了更高的要求,企业能否制定正确的战略关乎生死存亡。"以铜为镜,可以正衣冠;以古为镜,可以知兴替;以人为镜,可以明得失。"近几年来,学习华为战略的企业越来越多,一方面是因为华为傲人的成就,大多数中国企业难以望其项背,榜样的力量吸引了更多追随者;另一方面,很多企业在发展过程中遭遇了重大的挑战,希望能够学习并植入华为的管理策略,为企业带来生机。

华为的成功不是偶然的,更不是单纯地照搬西方管理技术,它的实践告诉我们:当变革成为新常态,当打破平衡成为一种主动的管理行为,当企业不再为变革而变革,不再奉行非黑即白的管理;当开放、妥协、灰度作为一种更高的智慧，不再是干扰、放弃管理的表现时，我们需要重新审视我们始终奉行的"管理圣经"了。

本书的重要意义在于用华为独有的管理、经营逻辑总结了华为成功的精髓，为中国的企业定制战略带来全新的视角。正如任正非所说，华为没有任何商业秘密，任何人都可以学且很容易学会。为了帮助中国企业持续发展，本书总结、提炼了华为的战略步骤：从战略制定，对战略生成的各个环节进行深度思考；到战略解码，关键要素的层层分解；再到战略执行，解密华为战略能够落地深入执行的秘诀；最后战略复盘，进一步巩固并确保战略目标达成。内容环环相扣，形成了从科学的制定到有效的执行这一完整的战略路径。

博硕咨询这些年一直为大型央企提供培训、咨询服务，众多企业对华为的战略模式表现出极大的学习热情和研究兴趣。然而，总结一家世界级企业的战略步骤并不容易。作为一位实战型的权威咨询专家，京刚博士从华为的核心价值观——以客户为中心，以奋斗者为本，从长期艰苦奋斗出发，通过对华为发展过程中的大量案例、重要转折、任正非的言谈语录及华为人的经验总结等方面的深入研究和高度总结提炼，为中国企业学习华为以及制定战略提供了扎实的理论基础，同时形成了一套完整的方法论体系。京刚博士相信，这会为中国企业在制定战略、达成战略上带来极大的启发。

5G时代是一个处处充满挑战和机遇的大转型时代，也是一个颠覆商业模式和经营管理模式的时代。祝愿京刚博士的《华为的战略》一书能够为中国企业的战略升级提供系统的落地工具，在实现价值及能力的整体提升、客户需求高效满足、优质服务体验、需求精准匹配等方面为中国企业全方位赋能，从而使中国企业迈入更高质量的发展轨道。

北京博硕咨询机构　金威　姜丽萍
2019年11月

前言

毫无疑问，华为是一家伟大的公司。

从枪林弹雨中走过来的华为，迎来了它的三十而立。华为能够历经挫败成长，逆流而上，靠的是一代代华为人奋斗精神的薪火相传。意志和价值观的力量让他们朝着最初的目标前进，让他们有勇气、有毅力带领企业完成一次次的超越。

对于华为当下的成功，外界一片盛赞，但任正非居安思危，在《华为的冬天》中阐述了华为面临的危机和挑战，以危机感警示员工——"每天都思考着失败，对成功视而不见，也没有什么荣誉感、自豪感，独有危机感。"

看世界，做企业，仅仅有大的格局是不够的，还必须有更广阔的视野。作为中国科技型企业的代表力量，创新研发一直是华为集团令人称道的领域。进入2000年之后，华为在科研力量方面的投入强度越来越大，而长期的创新战略也让华为日益强盛，逐渐成长为蜚声海外的世界级企业。

华为能取得如此骄人的成绩，要归功于它优秀的企业战略。所谓企业战略，指的是企业领导者及其核心团队对企业未来发展的整体性规划。根据不同层次，企业战略可分为公司战略、部门战略、业务战略、职能战略和产品战略等。企业战略的好坏往往决定企业发展的成败。一般来说，只有那些科学、合理的企业战略，才能对企业的发展起到积极作用。在制定企业战略时，战略制定者将面临诸多选择，如果战略选择正确，企业就能高效实现经营目标；否则，企业不仅无法正常运营，甚至还有可能破产。

战略是科学，也是艺术和手艺。没有战略的企业就像一艘没有舵的船，只会在原地转圈。那么，企业为什么要向华为学战略呢？最明显的原因是，华为是一个成功的企业，而华为的成功主要源自它的战略。相对于那些没有经验、缺乏成果的企业来说，向一个成功的企业学习战略要"实惠"得多。其次，华为的战略足够科学、合理，是多数企业都应该学习的榜样。

说华为的战略科学，当然是有原因的。我们可以从华为制定战略的思维方式开始，共同探究这一原因所在。华为在制定一个重大战略或推动一次重大变革时，往往更愿意在"什么是正确的"这一问题上下足功夫。也就是说，华为在做一件事时，会先想清楚这件事正确的样子，以及怎样做才能将它做对。华为拥有一份难得的执着精神，无论面对什么问题，它都会先思考，再动员，最后才是逐步执行。这一点是绝大多数企业都做不到的。很多企业在开展工作时，通常是先干再想，或者边干边想，甚至还没想清楚便开始干。这些企业对干成什么样是正确的、怎么干才能将事情干好等问题十分模糊。结果就是，它们干着干着，一遇到问题和困难就停下了，甚至是放下了。

企业如果在"什么是正确的"这一问题上节省了时间，就要在"怎样做到正确"上花更多的工夫。这也是有些企业自认为比华为做得勤奋、做得辛苦，却没有华为做得成功的原因所在。华为这种制定战略的思想具有非常高的科学性，它揭示了许多本质与规律性的东西。正是基于这种思想，华为才能将战略制定好并执行好。

另外，华为的战略具有合理性。科学是一方面，合理是另一方面。因为最好的并不代表是最合适的。我们不鼓励生搬硬抄华为的战略，因为适合华为的不一定也适合其他企业。"拿来主义"虽然方便，但往往成效一般。与其说我们应该学习华为的战略，不如说我们应该学习它制定战略的思想和方法。华为制定战略绝不会搞完美主义和理想主义，因为华为人知道，世界上没有任何事情是完美无缺的。同时他们也知道，理想与现实是有差距的。华为制定战略时一定会从企业的实际情况出发，从已有的成果和实践出发。真正的合理不是迎合规则，而是与自身实际情况相匹配。这就是华为战略合理性的来源。

任正非说："我们必须在混沌中寻找战略方向。因为华为总有一天会走到悬崖边上。什么是悬崖边？就是世界同行的前列。"现在的华为已然矗立于同行前列，不忘初心，心系中华，真正做到了有所作为。

我没有神秘的面纱，只有满脸皱纹。而华为之所以能做一点点的小事，除了比别人少喝咖啡、多做点活，也没有什么特别的长处。

——任正非

静水流深，在低调中蕴含着一种大匠心，让中国企业有了更多的民族尊严。向死而生，跨越冬天的孤独，一如最后的精神贵族独守初心，不动如山岳。

——王京刚

中国的华为，世界的华为。作为中国的标杆企业，华为在国内乃至世界范围内都具有巨大的影响力。华为的战略有进攻、有防守，在全球化的激烈竞争中独领风骚。向华为学习战略，将为大多数国内企业带来颠覆性的战略实践指导，华为的战略极具学习和借鉴意义。

——谢雄

目录

第一篇　战略制定：战略生成环节的深度思考

第一章　价值观导向：华为的核心价值判断

1. 核心价值观是华为的胜利之本 / 004
2. 华为公司的核心价值主张 / 008
3. 以奋斗者为本，让听得到炮声的人来决策 / 013

第二章　差距分析：BLM 是以"差距"为始，又以弥补"差距"为终的方法

1. 业绩差距与机会差距 / 019
2. 差距是制定战略的初衷 / 024
3. 市场是规划的起点，差距是规划的结果 / 028
4. "双差"分析与战略目标设计 / 034

第三章　战略制定：BLM 模型"战略"部分详解

1. 战略意图：战略思考的起点 / 039
2. 市场洞察：决定战略思考的深度 / 042
3. 创新焦点：将创新作为战略思考的焦点 / 047
4. 业务设计"五看"：战略思考要归结到业务设计中 / 050
5. 战略生成"三定"：输出机会点和中长期战略规划 / 055

第二篇　战略解码：华为战略落地的抓手

第四章　战略解码：从战略到运营的层层分解

1. 战略的务实与务虚 / 062
2. 战略解码的价值和意义 / 064
3. 六西格玛质量管理方法——华为战略解码的神奇工具 / 068

第五章　华为战略解码实践

1. 价值创造决定价值分配 / 076
2. 华为战略解码的意义 / 081
3. 华为的 PBC 个人绩效管理 / 085
4. 华为人如何升职和加薪 / 090

第六章　华为把控战略机会点的核心要素

1. 一定要有一片市场 / 097
2. 心朝一处想，力才能向一处使 / 101
3. 华为的"五看三定"战略管理框架 / 106
4. 华为的"五大级别"团队组织能力 / 109
5. "专利组合 + 客户关系"的复合战略控制点 / 113

第三篇　战略执行：为什么 BLM 模型可以连接"战略"和"执行"

第七章　高效执行力才是最终的生产力

1. "战略"与"执行"哪个更重要 / 122
2. 为什么战略无法落地 / 125
3. 为什么 BLM 模型可以连接"战略"和"执行" / 129
4. 华为执行理念 / 132

第八章　战略执行：BLM模型"执行"部分实操

1. 关键任务：战略解码确定关键任务 / 140

2. 组织体系：战略执行的坚实保障 / 148

3. 人才供应：打造核心人才供应链 / 153

4. 氛围文化：全力创造价值的企业文化 / 157

第四篇　战略复盘：先僵化，后优化，再固化

第九章　战略复盘：战略落地闭合的最后一环

1. 灰度管理：坚持开放、妥协、灰度 / 166

2. 制度化管理：企业要实现流程化、制度化、规范化 / 171

3. 不断改良，先立后破，无穷逼近合理 / 175

4. 华为战略转型及其战略目标近乎100%达成的真相何在 / 179

5. 先僵化，后优化，再固化 / 183

第十章　领导力驱动：战略不能被授权，领导力须贯彻始终

1. 领导力是企业战略成功的关键要素 / 190

2. 华为的领导力模型 / 194

3. 任氏领导力的思想基础——辩证法 / 198

4. 领袖的作用是方向感，在不确定性中给出确定性判断 / 201

5. 领导者要加强战略集中度，集中力量打歼灭战 / 204

第一篇

战略制定：战略生成环节的深度思考

第一篇 战略制定：战略生成环节的深度思考

第一章 价值观导向：华为的核心价值判断

任正非说：

华为文化不是具体的东西，不是数学公式，也不是方程式，它没有边界。也不能说华为文化的定义是什么，它是模糊的。"以客户为中心"的提法，与东方的"童叟无欺"、西方的"解决方案"不都是一回事吗？他们不也是以客户为中心吗？我们反复强调之后，大家都接受这个价值观。这个价值观就落实到考核激励机制上、流程运作上……员工的行为就牵引到正确的方向上了。我们盯着的是为客户服务，也就是忘了周边有哪个人。不同时期有不同的人冲上来，最后就看谁能完成这个结果。谁能接过这个重担，将来就由谁来挑。我们还有一种为社会做贡献的理想，支撑着这个情结。因此接班人不是为权力、金钱来接班，而是为理想接班。只要是为了理想接班的人，就一定能领导好企业，就不用担心他。如果他没有这种理想，当他捞钱的时候，他下面的人很快也是利用各种手段捞钱，这公司很快就崩溃了。（来源：《与任正非的一次花园谈话》，2015）

价值观是一个企业所推崇的信念与思想，它代表着企业以及企业内部所有成员的价值取向。对于一个优秀的企业来讲，无论外界社会发生怎样的变化，企业研发的产品和技术都会不断地进行革新，企业的市场会有所变动，甚至企业的管理风格也会随之改变，然而它的价值观不会变，这就保证了企业能够长久地存活下去。

华为的价值观使华为人坚定了信念，再加上埋头苦干的精神使华为得以在残酷的竞争中屹立不倒。可以说，华为能够发展到今天的规模，离不开其价值观的引领。华为的核心价值主张更是将华为价值观上升到一种思想上的高度，使其成为国内众多企业管理思想的绝佳范例。企业的长久发展离不开价值观的指引，而将价值观落实到企业内部的则是每一位成员，只有将价值观扎根于每一位成员的内心深处，它才能够真正地在企业内生根发芽，赋予企业以灵魂。

1.核心价值观是华为的胜利之本

华为之所以能够取得今天的成就，离不开企业的核心价值观，这些核心价值观是华为在长期的奋斗历史中总结出来的宝贵经验，概括起来是三句话：以客户为中心，以奋斗者为本，长期艰苦奋斗。可以说这三句话代表了华为目前发展的基本精神，这不仅是华为二三十年实践的总结，还是世界级大企业兴衰发展的历史经验，更是华为创造者任正非风雨一生最精华的管理智慧总结。这三句话是华为发展的根本所在，尤其是第一句"以客户为中心"，它明确了企业定位，始终是华为发展的指向标。

企业就像一支军队，一支优秀的军队是有着一致的信仰与价值观的，华为在这方面体现得尤为明显。它一直保持着谦虚谨慎的作风、艰苦奋斗的传统，这些价值观使华为能够更加清晰地认识自身、坚持批判自我和自我批判。价值观对企业的长远发展起着关键作用，如果一个企业缺少核心价值观的约束，那么它就缺少制约自己的缰绳，极易奔向失败的边缘。

华为最早建立起这个观念并非自愿，因为当时企业规模小，只是为了留住客户、进行资本积累而做的一些妥协。华为最初并没有认识到这个观念的重要性，因此没有坚持执行。当华为摆脱了最初的困境并有了一定的资本积累后，它在一段时间内也曾膨胀过：对客户的需求不去接收，而是一厢情愿地对客户推销自身的技术。结果导致华为在那段时间内因为"自我"而错过了一些好的项目，从而令企业进入一段困难时期。自那之后华为又重新定位，对自身进行整改批判，重新站了起来。经历过挫折之后的华为不断地汇聚优质资源，最终在软交换市场上占据了世界第一的位置。由此可知，企业的发展，最根本的还是客户。只有树立"以客户为中心"的观念，才能使企业摆脱对于"自我"的意识，这也是企业长期发展的唯一原则。

华为整体的发展过程证明：在企业发展的过程当中，高层管理组织发挥着越来越重要的作用。企业在进行岗位干部选拔时应该采用什么样的标准呢？在评定工作成绩时应该把什么作为衡量标尺呢？华为的经验证明，企业工作的方向和价值的衡量标准是为客户提供优质的服务。企业内的部门或业务流程如果不能够为客户创造价值，那么它们在这个企业中的存在就是多余的，这些部门或流程上的员工无论工作如何努力，迟早是要被精简掉的。只有为客户提供优质服务，企业的组织效率和工作效率才能够从实质上得到提升，它作用在员工身上的利益才能显著增加。由此可知，当企业的各部门领导在进行流程和组织上的改革时,要分清里面的实际需要和形式教条主义。

图1-1　华为核心价值观

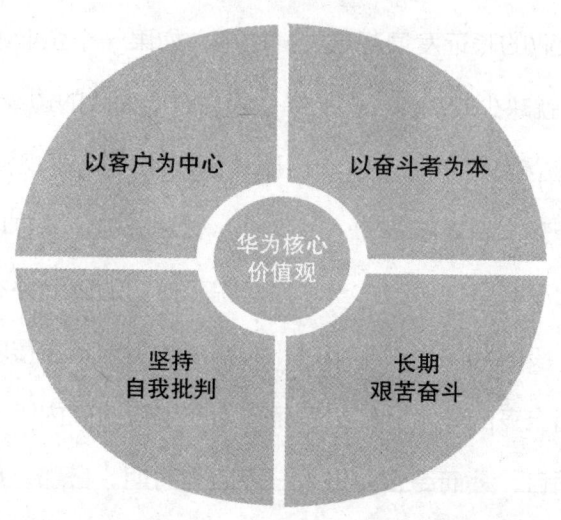

华为在核心价值观中提到的奋斗者包括企业的投资者和企业建设者,企业的发展就是要以这些奋斗者为根本。企业奋斗的目的在客观上讲是为了国家和民族,主观上讲是为了企业自身,但无论是要达到主观目的还是客观目的,企业都需要通过服务客户这个方式来实现。如果没有这一点,那么企业所有主观和客观的目的都是虚无缥缈的。

企业中的奋斗指的又是什么呢?任何能够为客户创造价值的行为(其中也包括学习科学技术或劳动技术等)无一例外都是在提高自己的工作能力和水平,而在这些过程中所付出的努力我们称之为奋斗。企业要想使自身在市场上具备极强的竞争力,就要选拔优秀的员工为客户做好服务,员工为客户做好服务靠的便是奋斗精神。企业员工如何才能够保持住这种奋斗精神呢?那就要看企业是否能够给予他们合理的报酬。但是,凡事都要尽量做到恰到好处,如果企业将奋斗者当前的利益看得过重而忽视了客户,企业的内部运作便会由于成本过高而出现危机，最终难逃被客户抛弃的命运，企业的奋斗者也会因此而失去一切。因此，合理、适度才能保证企业的长久发展。"以客户为中心"和"以奋斗者为本"这两条价值观在企业管理中是对立统一的，企业的整体平衡需要的便是企业管理者对这两条价值观的协调掌控。

华为的企业文化发展是比较成熟的，在企业的发展历程中必不可少的就是企业的文化建设，企业文化在一定程度上代表着整个企业的素质和风范，也是企业取得胜利的内在因素。华为开放的企业文化值得学习，华为能够白手起家从国内走向世界的前沿，靠的便是不断地吸收别人的长处，在企业发展的各个方面，如销售、管理、财务等，都能够敞开大门将优秀的经验吸收进来。勇于否定自我，这一点对企业的发展至关重要。学会兼收并蓄、博采众长也是企业发展中的必修课，企业的创新都是在吸收外来优秀成果的前提下进行的，闭门造车是没办法进行创新的。中华文化是世界四大文明中仅存的古老文化，它能够传承至今靠的便是对外来优秀文化的包容和吸收，它并非一成不变，而是随着时代的发展随时在变，它在每个时代都能够与时代接轨，拥有属于那个时代的特色。企业的发展同样如此，不向优秀企业学习是不可能进步的。

华为的经验再次向世界证明：在企业前进的过程当中，要学会审时度势，在不同的时期要有正确的抉择，要学会一定程度的宽容和妥协。由于时间空间的不同，企业掌握的内容也不相一致，因此企业对过去宽容、妥协是为了在审时度势中做出合理的判断。

客户在选择的时候，必定会挑选既物美价廉又有优质服务的产品，而在市场上又存在着众多的商家，这些都是企业的竞争对手。如果企业的产品质量和服务出现问题，那它终究也难逃消亡的命运。如果企业的产品质量和服务均能够得到保障，但是成本消耗却比其他企业要高，那企业的和谐发展只能持续一段时间，最终会因为自身的长期消耗而失去立足的根本。

在当今这个信息时代，企业技术的发展不难，难的是企业管理的改革，因为管理的改革触及的都是企业体制内的利益。因此企业与企业之间的竞争归根结底就是管理的竞争，企业要想具备强有力的市场竞争力，就要在管理方面不断地进行改革，比如将冗长的流程缩短，对一些不必要的审批环节进行清除；将流程中的具体责任落实到位，把那些欠缺管理能力和缺乏责任心的干部从管理层上撤下来；选拔干部要依据能力、品德、责任心等综合素质进行裁定，等等。因此，不断对企业的管理模式进行改革，提高企业的管理水平，才是企业发展的唯一出路。

2.华为公司的核心价值主张

在华为，文化口号是其企业文化的一大特色，其口号充满了激情与内涵，这些文化口号都可以称为华为的核心价值观，是华为人奋斗、拼搏的精神支柱，它在每一位华为人内心深处生根发芽，是华为能够获得今天这般成就的内在动力，也是华为走向未来最坚实的信念。在华为看来，能够真正体现华为企业文化的就是它的核心价值观，而其他的一些例如"狼文化""床垫文化"的称号，只是外界看到的一些表象罢了。

华为的核心价值主张有六部分（见图1-2）：

图1-2 华为核心价值观主张

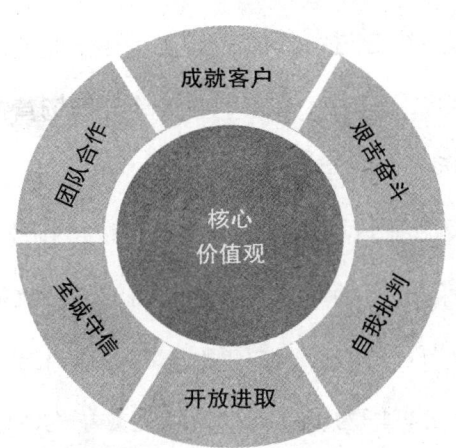

（1）成就客户

以客户为中心是华为发展的根本理念，可以说，华为发展的信念就是为客户服务，华为发展的动力就是满足客户的需求，华为成就客户的方式就是坚持为客户创造恒久的价值。华为能够创造价值并不断前进同样也是依靠为客户带来优质的服务——华为在成就客户的同时也在成就自己。

华为的战略导向与其他企业不同，它在很久以前就将战略导向由研发技术转为客户需求。在过去的几年里，世界上因IT泡沫破裂而跌进深渊的企业数不胜数，这些企业几乎不存在因技术落后而导致陨落的情况，几乎所有的企业都是因为研发技术过于前沿而不能被世人所接受，导致产品无人问津，而企业研发这些高端产品又耗费了大量的资源，资本不能回收使企业逐渐失去了竞争力。鉴于此，华为早就将以技术研发为中心转变为以客户需求为中心，通过对客户当下的需求进行分析，并针对这些需求研发出成本低廉、增值空间大的产品，把客户需求作为指导企业发展的手段，仅仅将技术作为实现目标的工具。为此华为在企业体制内统一做了改革，对企业文化、工作流程、工作制度、管理系统等进行具体的落实。在企业的组织结构中，华为为了准确分析和理解客户的需求，设立了"战略与市场营销"体系，以确保客户需求能够真正地推动战略的实施。

为使客户需求及时有效地传播并导入到华为的研发路线，华为在各地区和产品线上设立专门的市场组织对客户的需求进行收集、倾听。为了更好地了解客户需求以及为客户服务，为了听取客户在各方面的意见并及时做出反应，华为主张，凡是有华为设备的地方就建立华为的服务机构。到目前为止，在国内，这些服务机构分布全国30多个省市和300多个地级市；在国际上，这些服务机构在全世界90多个国家和地区均有分布。华为干部的选拔以及企业领导的考核指标都是依据客户的满意程度来定夺的，在华为的整个人力运作过程当中，客户需求的导向以及为客户服务的宗旨始终贯穿其中。

（2）艰苦奋斗

华为发展靠的不是任何外在的宝贵资源，而是华为人艰苦奋斗的精神，也只有依靠艰苦奋斗的精神才能够使华为得到客户的信赖、支持与尊重。华为的奋斗具体表现在为客户提供有价值的产品，以及为使客户需求得到满足而在提高自身能力的过程中所做的努力。华为始终认定以奋斗者为本的理念，始终在为使奋斗者获得应有的回报而努力。

华为在创立之初就历经磨难，一方面逐步打开农村市场，努力获取订单；另一方面又将企业的盈利全部用于产品研发。当初，华为的规模与爱立信、西门子、诺基亚等赫赫有名的电信巨头相差200多倍，之后华为发展十余年，到2005年其销售收入第一次达到50亿美元，但它与那些电信巨头仍有很大的差距。在这之后，世界通信行业的几次大兼并再次拉大了华为与这些行业巨头之间的差距，华为又开始了艰辛的奋斗历程。

世界排名第一的新兴市场便是中国，因此，世界上的商业巨头都将目光投向中国市场。华为在创办的初始阶段就遇到了如此严峻的考验，经历了惨烈的竞争；之后华为迈入国际市场时，那些有利的资源和区域都已经被先行者占据，只留下环境恶劣、地域偏远、动荡不安的地区还未开发。为了抓住这一线生机，无数华为的奋斗者远离祖国，奔赴异域，无论是暴乱的伊拉克还是灾病盛行的非洲，都留下了华为人奔波的脚印和身影。爬过雪山、穿越丛林与草地、遭遇暴徒袭击、经历飞机失事……但这些常人难以忍受的磨难并没有将他们击垮，他们的精神使当地的政府和人民深受感动，最终也为自己赢来了尊重，华为的海外奋斗史称得上是新时代的"长征"。

华为的高层领导都经历过当初那段苦难岁月，几十年的磨难使他们的意志更加坚定，几十年的经历使他们明白将企业做大是如何的艰难，因此，时至今日他们依然小心谨慎、兢兢业业。这些年来，他们牺牲自己的健康、亲情、友情，默默地承受艰辛和痛苦，为华为奉献着自己的一切。正是华为全体员工这种卓绝的毅力和永不言弃的精神才造就了今日的华为。

（3）自我批判

华为始终坚持自我批判是为了改进自身的不足，为了获得长久的发展。也只有始终坚持自我批判，才能使企业自身有所扬弃，进而超越自身，实现企业、客户和个人的共同进步和发展。

华为白手起家，从"小作坊"起步，在不到20年的时间内发展成为世界闻名的电信巨头，其根源就在于华为这种自我批判的企业文化。华为的发展可谓一波三折，它一次次跌倒，又一次次爬起，无论是发展国内业务还是开拓国外市场，没有一次不充满困苦和艰辛。但华为挺住了，并且越来越稳，它靠的便是这种自我批判和顽强不屈的精神。在华为内部流传的"烧不死的鸟才是凤凰""从泥坑里爬起来的就是圣人"等口号无不体现着自我批判的精神，这些都是华为人自身精神的写照。华为体现出来的忧患意识使它自身能够坚持追求卓越，胜不骄、败不馁，自我批判是华为人最真实的一面，也是华为的创造之根和无穷的力量之源。

（4）开放进取

华为发展的指向标是客户需求，华为坚信此道，若想使技术、产品产生价值，在商业上获得成功，就需要引导、跟进客户需求。为此华为借鉴和吸收国外先进的研发技术，学习国外顶尖企业的先进经验，在此基础上结合自身进行创造性的研发，形成自己的核心体系，创造出自己的产品。华为在瑞典、印度、俄罗斯等国以及上海、西安、北京等地均设立了研究所，招揽了大批北大、清华等国内顶尖高校的顶尖人才进行尖端技术的研发。华为在技术方面的投入力度相当大，规定每年都要从销售收入中拿出十个百分点用作研发经费，仅在1997年，华为的研发经费就将近4亿元。

华为曾经耗费十几亿经费以及大批科研队伍和销售队伍对GSM进行研发，最终虽获得了全套设备的入网许可证，可在国内无线市场的份额却少得可怜，甚至还在亏损状态。因此，华为又将目光放到了3G网络的研发上，连年经费的大额支出，加上成本不能回收，迫使华为开启了探索国外市场的生涯。面对国外与国内的文化差异，华为有着自己的解决方法，华为所遇到的文化冲突仅仅是民族和国家的文化冲突，而在商业文化上各国却是趋于一致的，因此这些冲突都可以通过沟通来解决。凭借强大的执行力，华为在国外迅速生根、发芽，2005年，华为在国外的销售额占据总销售额的一半以上，第一次超越了国内市场的销售额。

（5）至诚守信

华为始终坚持以诚信打动客户，只有内心坦荡真诚，才能够一言九鼎、兑现承诺。诚实守信可以说是华为最珍贵的无形资产。

（6）团队合作

团队合作不仅是群体协调作战，还是提升流程效率的必要因素。在企业中，无论是成功或失败都是集体的责任，由集体共同来承担。在华为，高层领导和底层员工除了工作上分工的不同，基本各个方面都是平等的，唯一"不平等"的部分只有工资，除此之外，无人享有特权。在华为，个人利益在任何时候都要服从集体利益，荣辱与共、团结奋斗是华为内部的真实写照。华为在研发尖端产品时，讲究"集中全力办大事"，将大家的力量集结在一起，对难题进行逐步攻克，事实证明这种方式相当有效。正因客户需求是华为的中心，因此华为通常要求研发团队务必在规定时间内完成攻关任务。为此，华为员工更是废寝忘食，直至将难题攻克。

3.以奋斗者为本，让听得到炮声的人来决策

华为以奋斗者为本的价值理念在具体落实中体现得淋漓尽致。企业设置合理的流程控制是非常有必要的，在任正非提出"让听得到炮声的人来决

策"的主张后，华为在具体实施上已经有了很大的进步。华为计划按照相关规则将决策权下放到一线团队，真正把主力落实到前线，而后方的机关单位则是为前线提供保障。按照这种方式进行改革的话，企业的流程优化方法就要反过来，企业将根据前线客户的需求来确定发展目标，并对这些目标进行保障，这种一切为前线客户服务的改革会使企业对流程点进行有效的设置，进而减少一些不必要的流程和人员，使运行效率极大地提高，为企业迎接更多的挑战打下坚实的基础。

企业想要在商战中取得胜利就要学会合理地分配企业中的资源和权力。企业设置领导机构是为了能够在商战中作战指挥，而企业作战是为了获得利润。平台的客户则是作战的前线部队，机关单位虽然拥有雄厚的资源和权力，但是它对前线的情况不了解，为了对运营的风险进行控制，必然会增设众多流程，并且在授权方面造成较多阻碍。这种情况会大大降低运行的效率，增加运行的成本，伴随而来的是一些不良的官僚主义作风，这是企业长远发展的最大阻碍。

图1-3 以奋斗者为本

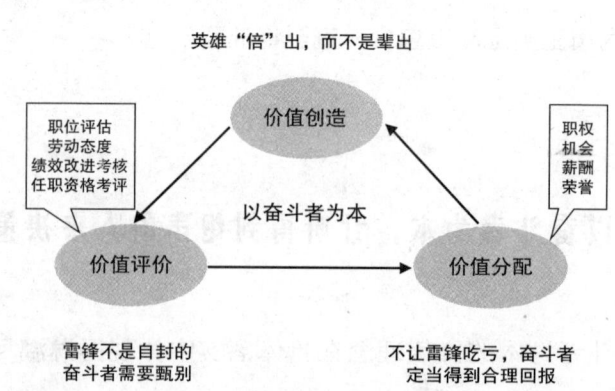

当企业将发展重心从研发技术转移到以客户为中心时，企业组织的调整

便是一道亟待解决的难题。华为在解决这些问题时同样也遇到很多挫折。华为一开始单纯对企业机关进行精简，简化工作流程，对工作人员进行精简压缩，结果遭到部分经营管理团队成员的反对。因为人员过多地迁往一线，会对一线造成很大的负担，这样不仅不能给工作效益带来实质性的提高，反倒增加成本。

华为提出：奋斗在一线岗位上的工作人员是最接近客户的人，也是最能了解客户心理与需求的人，他们有权力对产品进行改革。在一线，不能仅靠客户经理与客户进行接触，要将这种单兵模式转化为团队模式，形成一套完整的应对体系，包括与客户沟通、解决问题、融入资金和交付产品等。这种三角模式以客户为直接目标，打破了一些不必要的限制，围绕着项目形成了良性运作模式。事实上，企业在各个环节和领域开展的业务都存在这种组合模式，华为这一做法为企业组织整改提供了良好的范例：企业将资源直接用在了前线以寻找机会与目标，当前线发现机会和目标时，后方的优质资源和先进设备便能够及时有效地发挥作用，为前线及时提供支持。这在很大程度上使得物尽其用，进而避免了领导的失误和资源的浪费。

企业为了取得业务的成功，往往要对企业的文化和组织进行调动和改革，比如当企业对一些重要的技能和流程有着强烈的需求时，或是需要加强一下团队能力建设时。以制作传感器为例，当客户对产品的规格、功能、性能等有明确的要求时，对于企业中的研发机构和销售机构来说，工作是相对轻松的。负责研发的机构只需要利用较低的成本将客户需要的产品研发出来，而销售部门的工作更简单，只需要在资源地进行采购。但如果客户是制作汽车电子产品的商家，这个商家需要一个能够适应高温和高速的传感器，这种需求就具有不确定性了。因为企业研发产品依据的是客户的需求，无论是对于销售部门还是研发部门，客户需求是否明确对于组织能力的要求有着极大的不同。

华为的领导者曾对这种机制的改革进行描述：在以前，企业的运作靠的是一种"推力"，即后方的领导做出决策，推动前方岗位的员工落实。如今，这种"推力"转换成一种以"拉力"为主、"推力"为辅的机制。在向前"推"的过程当中，主力是企业的核心领导，他们直接下达的命令决策推动着企业前行，但是在执行的过程当中那些不必要的流程和一些虚设的岗位是核心领导察觉不到的。而在向前"拉"的过程中，那些不出力的部门以及人员便可以被识别和减除，这样能够使组织的效率大幅度地提高。企业所做的改革是为了使位居前线的组织具备全能型的技能，这是一种实力的提升，并非为此去设置各种形式上的部门。这些直面客户的前线基层部门，在职权范围以内可以直接对交易条款、价格等进行授权，即所谓的"召唤炮火"。在职权范围之外的要按照程序进行审批，但这种授权并非随意而为，企业前线部门要对其承担相应的责任和负担其成本，企业的后方要及时、有效地对前线提供支持与服务，并对其监督。企业的前线部门和后方机关是合作与配合的关系，它们的地位同样也是平等的。

企业机制进行改革，这对前线部门和后方机关部门都有很高的要求。前线部门要对客户的需求进行明确的调查和准确的把握，后方机关部门则要对前线部门提出的需求进行准确的理解，并按照这些需求提供支持。如果前方的需求不变，那么在规定的时间内后方平台要完成所有剩余的协调工作；如果前方的需求有变化，则要将变化的信息及时、准确地通知后方平台。在这种情况下，只有提高前线和后方平台的沟通协调效率，增加前线寻找客户的时间和机会，将任务进行划分并明确责任，才能提高团队整体的效率。在提高整体协作能力和办事效率方面，企业要对前线和后方协调过程中遇到的困难进行分析，找出解决这些问题的方案。企业各级部门的领导要明确岗位职责，明确权力并认真履行，使企业管理摆脱一人独大的局面。企业还要根据不同的需求制定不同的变革方案，企业的这些授权并非绝对的授权，而是在不同的地点、不同的时间有不同的授权。

企业对前方"作战部队"授权，就需要前线"作战部队"加强作战能力，提高前线整体员工的综合素质和工作能力，加强前线和后方平台的高效连接。在连接过程中各个岗位的领导干部要加强对主营业务的理解，减少前线与后方平台在沟通、协调方面出现的不必要的麻烦。企业在变革的过程中切忌贪功求快，在尺度的把握上要抓牢，起步阶段可以将开展的面放小一些；要把握好前进的方向，做工作的时候要深入和细致；管理要实用，不要追求不必要的"完美"；对那些机构臃肿、官僚性强的组织部门要彻底清除。

第二章　差距分析：BLM是以"差距"为始，又以弥补"差距"为终的方法

任正非说：

我们正处在IT业变化极快的十倍速时代，这个世界上唯一不变的就是变化。我们稍有迟疑就会失之千里。如果故步自封，拒绝批评，忸忸怩怩，就不只是失之千里了。我们是为了面子而走向失败、走向死亡，还是丢掉面子、丢掉错误，迎头赶上呢？要活下去，就只有超越。要超越，首先必须超越自我。超越自我的必要条件就是及时去除一切错误。要去除一切错误，就要敢于自我批判。

如果没有长期持续的自我批判，我们的制造平台就不会把质量提升到20PPM。中国人一向散漫、自由、富于幻想、不安分、喜欢浅尝辄止的创新，不愿从事枯燥无味、日复一日的工作，不愿接受流程和规章的约束，难以真正职业化地对待流程与质量，不能像尼姑面对青灯一样，冷静而严肃地面对流水线。没有自我批判、不能克服中国人的不良习气，我们怎么能把产品打造到国际水平，甚至超过同行？如日本人、德国人，凭借自身的奋斗精神，努力适应工作，为公司占有市场打下了良好基础。如果没有这种与国际接轨的高质量工

作方式，我们就不会生存到今天。（来源：《为什么要自我批判》，2000）

    差距分析主要是指对企业的业绩差距和机会差距进行分析。所谓业绩差距，就是当前经营结果与期望经营结果之间差距的量化描述；所谓机会差距，就是当前经营结果与设计所能带来的经营结果之间差距的量化描述。华为的业务领先模型（BLM）是一种围绕"差距"展开的模型，或者说是一种以弥补"差距"为最终目的的方法。

    企业通过学习这一模型，可以快速掌握差距分析和战略目标制定的具体方法。它不仅能帮助企业快速发现差距、准确地找到产生差距的原因，还能帮助企业有针对性地制定弥补差距的措施和顺利地让措施执行落地。

    差距是制定战略的初衷，有了差距，企业家们才能感受到不足；有了不足，企业才会制定战略来消除它。企业的一切都是围绕市场来运转，企业的规划也要以市场为起点，而差距往往是战略规划最终产生的结果。通过"双差"分析，企业可以以最快的速度找到差距和产生差距的原因，从而再根据产生差距的原因进行新一轮的战略目标设计。

1. 业绩差距与机会差距

    一般来说，华为的战略目标是根据两大差距制定的：一种是业绩差距，一种是机会差距。

图2-1 业绩差距与机会差距

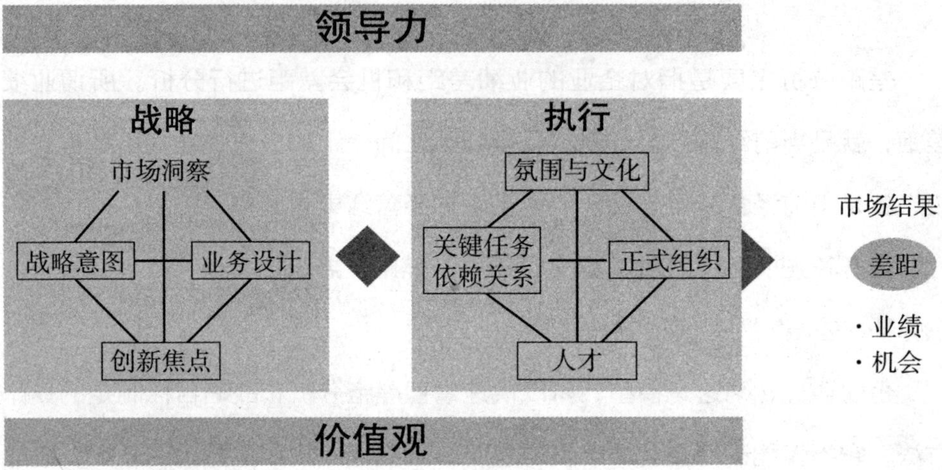

领导力

战略：市场洞察、战略意图、业务设计、创新焦点

执行：氛围与文化、关键任务依赖关系、正式组织、人才

市场结果 差距
·业绩
·机会

价值观

什么是业绩差距呢？举例来说，华为的一个竞争企业在过去3年内业绩发展较快，营业额急剧增长，于是便期望在未来3年内仍保持现有势头并迅速发展。然而，由于市场需求量较大，该企业越来越注重产品的数量，却在不知不觉间忽略了产品的质量。因为质量问题，该企业在接下来的1年内损失了5%的市场份额，其营业额大幅下降，与期望值相差甚远。这种实际业务结果与预期值之间的差距就是业绩差距。一般来说，这种差距是可量化的，也是较为直观的。

什么是机会差距？举例来说，华为的科研团队正在研发一项新型技术，这项技术在国内独一无二，具有较大的市场价值。华为预测如果有企业在未来6个月内开发出该技术，其相关产品可能在12—18个月内上市，这样它便能获得第一先行者的机会。但是，华为当时开发产品的周期在18—24个月，要想获得第一先行者的机会就要将产品研发周期缩短。这种差距就是机会差距，华为的产品越早上市，机会差距就越小，反之便越大。

于是，我们对业绩差距和机会差距就有了以下定义：

所谓业绩差距，就是当前经营结果与期望经营结果之间差距的量化描述。

所谓机会差距，就是当前经营结果与设计所能带来的经营结果之间差距的量化描述。

一个企业家如果对当前的经营结果不满意，就会通过制定战略来改变它。而企业家之所以会对当前经营结果不满意，是因为他感受到现状与自己的期望之间存在着差距。由此可见，差距是引发企业制定战略的重要因素，或者说企业制定战略的初衷是填补感受到的差距。

那么要如何才能填补这两种差距呢？

事实上，要想填补业绩差距，通常的做法是提高企业的整体执行力，或者说企业可以用高效的执行来填补业绩上的差距。需要说明的是这种方式不需要重新改变企业的业务设计。而要想填补机会差距，就需要企业进行新的业务设计。

通过对华为大量BLM战略规划实践的总结，可以获得有效解决业绩差距和机会差距的方法，即"BLM业务战略规划七步法"。企业的战略主要分为三个类别：公司战略、业务战略和职能战略。三者相互联系，业务战略和职能战略是围绕公司战略展开并为其服务的。华为的BLM业务领先模型可为企业战略制定提供整体的框架，其中业务战略是其最擅长的领域。

图2-2 华为业务战略

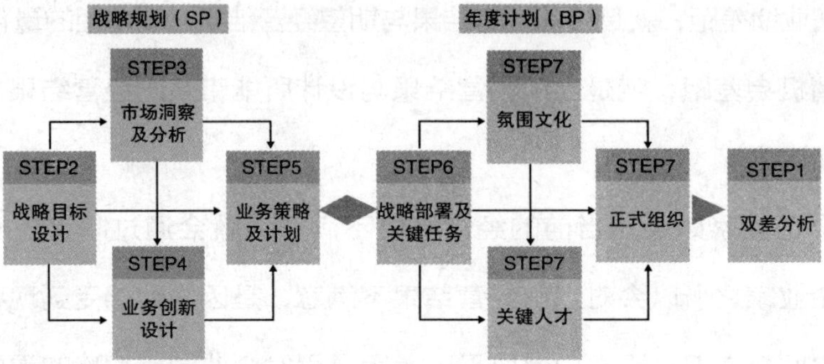

```
战略规划（SP）                          年度计划（BP）

        STEP3                              STEP7
        市场洞察                            氛围文化
        及分析
STEP2           STEP5       STEP6                  STEP7        STEP1
战略目标         业务策略     战略部署及              正式组织      双差分析
设计            及计划       关键任务
        STEP4                              STEP7
        业务创新                            关键人才
        设计
```

"BLM业务战略规划七步法"的具体步骤为：

第一步：双差分析

顾名思义，双差分析就是对企业的业务差距和机会差距进行分析。具体做法是通过组织会议让制定战略的核心团队分析如下问题：企业目前有哪些业绩差距和机会差距？哪些差距最具重要性？为什么它会成为最重要差距？业务差距和机会差距形成的主要原因是什么？各成员可以遵照表2-1的内容进行目标讨论、问题聚焦和作业输出。

表2-1 双差分析表

讨论目标	·面向未来3-5年的业务发展，识别目前业务上存在的关键的业绩或机会差距。
问题聚焦	·回顾我们设定的战略目标，在一些关键的绩效指标和财务性指标上是否存在差距？ ·与行业内主要竞争对手相比，在哪些方面我们还存在差距？ ·存在哪些市场机会（机会差距）？（可以先初步讨论，讨论完市场洞察后再来回顾机会差距） ·哪些是最关键的差距？（考虑结果性的、大的差距，尽量具体和量化）
作业输出： 差距描述—— 一句或两句的 差距陈述	·陈述业务结果，如收入、利润/贡献和市场份额。 ·形成差距的主要原因。 ·有时间的约束且可量化。 ·有一个明确的负责人，承担缩小差距的责任。

第二步：战略目标设计

华为业务领先模型（BLM）是一种围绕"差距"展开的模型，或者说是一种弥补"差距"的方法。BLM业务战略规划的主线是以战略目标设计消除差距。我们知道，差距主要产生于现实业务结果与目标期望之间。当企业高层感受到差距时就会制定公司战略目标，而公司战略目标需要层层分解成部门业务战略目标才能被执行落地。

第三步：市场洞察及分析

我们已经说过，企业可通过加强战略执行来弥补业绩差距，通过进行新的业务设计来弥补机会差距。而要想加强战略执行，就需要提高员工的积极性，制定良好的考评及奖励制度；要进行新的业务设计，就需要抓住市场机会，把握客户需求。市场洞察的目的就是为达成企业战略目标而寻找合适的机会。

第四步：业务创新设计

通过业务创新设计可以有效弥补机会差距，具体的业务创新设计可包括以下几个方面：开发新技术、新产品和新服务，设计新的商业模式，推行新的竞争策略，等等。业务设计可帮助企业建立新的业务模式，以抓住市场机会和达成战略目标。同时，业务设计还可以帮企业设计出新的产品组合策略，从而吸引消费者，提高销售水平。

第五步：业务策略及计划

要想使业务设计落地实施首先需要制定详细、周密的业务计划。企业规划团队要详细考察每一个细分市场，然后针对市场情况制定周密的业务计划。除了制定业务计划外，规划团队还要针对细分市场给出产品开发计划。

在制定完细分市场的业务计划和产品开发计划后，还要将这两种计划进一步整合为产品线的业务计划和产品开发计划。同时，还要考虑输出产品线的需求，比如对人才的需求、对关键技术的需求等。

第六步：战略部署和关键任务

华为每年都会制定年度战略部署，简称BP。其目的是从总体上把握和促进业务设计和业务计划的层层落地。在设计年度部署方案时，要严格遵从"责、权、利对等"原则。其中"责"指的是关键任务；"权"指的是资源预算；"利"指的是KPI及奖金。若企业能权衡好这三者的关系，便可以快速且有效地实现战略落地；否则，便可能导致战略执行效果差，甚至是战略无法落地。

第七步：组织能力支撑

有了组织能力的支撑，企业才能更好地达成关键任务和KPI。华为业务领先模型给出了几点组织支撑的思考方向，包括构建企业氛围文化，培养关键人才和构建正式组织等要素。战略规划团队除了制定战略计划外，还需要对企业的组织能力提出意见或方案，同时帮助有关部门有效落实相关策略和方案。

2.差距是制定战略的初衷

华为在做战略分析时首先是做差距分析。对华为来说，差距是制定战略的初衷。从一定程度上来说，差距分析属于战略分析的一部分，或者说差距分析是战略分析的一种有效方法。

如何进行差距分析呢？很简单，企业需要将自己的战略目标与实际取得的成绩进行比较，然后分析这两者之间是否存在差距，如果存在差距，还需要进一步分析为什么会造成这种差距。当企业找到产生差距的主要原因后，要针对这些原因制定相应的策略，比如加强执行力、改变业务设计等。

差距分析又称差异分析或缺口分析。与大多数企业一样，华为也希望获得迅速发展，希望业务结果能得到提高，希望能抓住市场机会获得行业话语权。但是，理想与实际往往存在着巨大的差距，华为的实际业绩结果与期望值产生差距时，其战略制定团队就会积极通过差异分析制定相应的战略，以消除这种阻碍企业发展的差异。

华为期望的业务结果并不是凭空预测的，而是建立在四个假设之上的，这四个假设分别是：假设企业的业务组合前后保持不变，假设企业的产品竞争战略和市场竞争战略持续发展，假设企业的市场需求和盈利机会保持良好发展，假设企业的业务战略保持良好发展。

基于这些假设，华为会对业务结果产生一个期望值。如果这个期望值与实际业务结果仍相差较大，华为就会第一时间考虑修改企业战略。如果华为的期望业绩结果超过了业务目标，那么它就会将业务目标定得更高一些，同时加强员工的执行力。如果期望业绩结果远低于业务目标，那么它就会将业务目标定得更低一些，或者重新制定战略，否则，这样的战略或业务目标是很难达成的。

华为通常都会为各项业务制定备选增长战略。一般来说，华为的工作团队会根据多种指标来估计市场结构，从而来预测销售增长情况。比如以下三种指标：

指标一，行业市场潜力。

指标二，相关行业销售额。

指标三，实际的市场份额。

图2-3 差距分析图

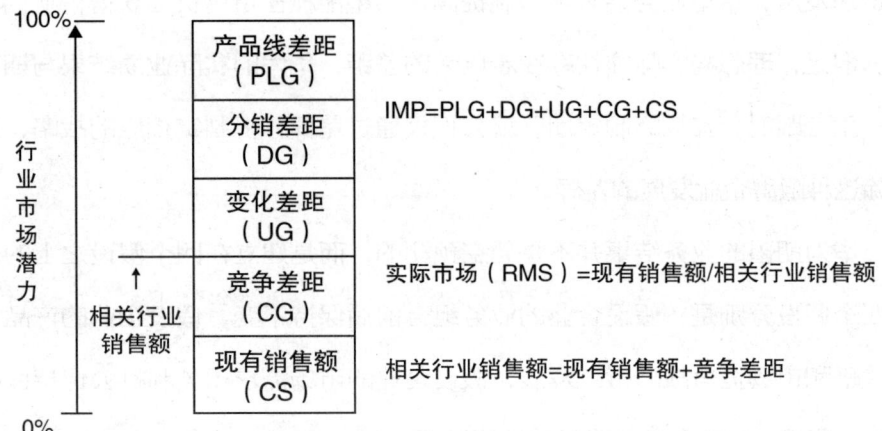

以指标一为例，华为是如何对行业市场潜力进行估计的呢？如图2-3所示，分析者会首先假设所有潜在的顾客都会购买华为的产品，其次假设华为的产品会被顾客尽可能多地使用。于是，行业市场潜力便表示华为某一产品的单位销售额。例如华为在预测智能手机的市场潜力时，会首先假设所有需要智能手机的消费者都会购买华为智能手机。通过这样的假设，可以得到背景市场潜力，这里用IMP表示。显然，这一假设数据与实际数据之间是存在差距的。这种差距主要可分为四种：产品线差距、分销差距、变化差距和竞争差距。

预期的差距一般可通过两种方式来消除：一是降低行业市场潜力，二是获得额外的市场份额。如果这两种方式都不能弥补预期的差距，那么企业就需要聚焦于企业业务组合并对其进行评价。对企业业务组合进行评价是为了优化企业业务组合，增加高成长率业务，消除低成长率业务。

华为的差距分析主要分为两种：一种是针对业务层面，另一种是针对企业层面。

在业务层面进行差距分析需要对以下差距进行解读：第一是经营战略与外部环境之间的差距，其中外部环境包括宏观环境、行业环境和行业竞争对手三个方面，也可逐一对这三方面与经营战略之间的差距进行分析。第二是经营战略与内部环境之间的差距，其中内部环境包括企业能力、企业业绩和主要利益相关者，同样，也可对这三方面与经营战略之间的差距进行逐一分析。

在企业层面进行差距分析也需要对两种差距进行解读：一是企业能力与企业战略之间的差距，二是企业业绩与企业战略之间的差距。

造成差距产生的因素有很多。如果相关行业销售额与现有销售额之间存在差距，则说明这种被销售的产品在未来还可能获得增长的机会。因为相关行业销售额与企业现有销售额之间的差距是竞争差距，若竞争差距变小，则企业实际销售额便可能增长。

华为认为企业实际销售额与潜在销售额之间之所以会存在差距，主要是因为以下四个因素：

（1）产品线差距

企业若想缩小或消除这种差距，需要从横向维度和纵向维度两个方面去完善自己的产品线。另外，还可以通过改进产品和引进产品的方式来缩减这种差距。

（2）分销差距

消除这种差距一般可以通过扩大分销范围、提高分销密度等方式。

（3）变化差距

消除变化差距的方式一般有两种，以华为智能手机为例，第一种方式是鼓励未使用过华为手机的人使用华为智能手机，第二种方式是鼓励现有使用者提高更换手机的频次，使他们消费更多的华为智能手机。

（4）竞争差距

对绝大多数企业来说，这种差距最为普遍。一般的应对方法是从多方面提高企业产品竞争力，通过高质量的产品夺取更多的市场份额，从而提高企业在行业内的地位。

3.市场是规划的起点，差距是规划的结果

BLM模型是华为战略规划的核心框架。在这一模型中，市场是规划的起点，差距是规划的结果。为什么要这样说呢？很明显，一个企业的产品和服务如果没有市场，这个企业是无法生存的。拥有一片市场是一个企业发展的前提。正是因为企业发现了某个具有较大前景的市场，它才会组织团队开发针对这一市场的产品、技术和服务。在这个过程中，企业会始终围绕市场需求来做规划、定目标。

对企业来说，市场是盈利的"战场"。没有市场，企业的规划终将成为泡影。

根据市场需求进行规划，为了争夺市场份额进行规划，这是任何一个企业都无法避免的事情。不管何时何地，围绕市场来做规划都是企业不得不做的事情。只有这样，企业的规划才有重心和方向，才能占领市场和赢得消费者的青睐。市场是规划的起点，意思就是要围绕市场来做规划，要以发现的新市场来作为企业新的战略规划的起点。

差距是规划的结果。企业家们在制定企业规划后，往往会在心中产生一个预期，或者说企业家们对企业规划的执行落地有一个预期值。一般来说，这个预期值通常要高于实际结果。当然，也有例外情况，即预期值低于实际结果。与实际结果相比，不管预期值高低与否，两者之间都会存在差距。要使预期值与实际结果完全相同是非常困难的，绝大多数情况下，差距都会存在。也就是说，企业在做完规划并开始执行时，差距便产生了。而差距就是原本的规划与实际的执行结果之间的差距。在规划的过程中，企业家会对现实进行估计，但这个估计与真正的现实往往是存在差距的，当现实结果出来后，企业家们会将这一结果与自己心中的估计做比较，而在这种比较中，差距便自然产生了。所以规划的结果是企业家们感受到了差距，或者说差距是规划的结果。

那么这种差距具体表现在哪些方面？或者说它们分为哪些情况呢？华为的BLM模型给出了答案。BLM模型指出，差距主要来自两个层面，一种是业绩上的，另一种是机会上的。

举例来说，华为的地区分公司将年销售目标定为10亿元，结果年末销售额只达到9亿元，而目标销售额与实际销售额之间的差额为1亿元，这就是业绩差距。

对企业来说，若出现业绩差距，分析业绩差距的原因并为其制定应对措施是非常必要的。

一般来说，业绩差距之所以会出现，是因为企业的执行力不够。因此，要缩小或消除业绩差距就需要从提高企业的执行力着手。

机会差距是企业的另一种差距形式，它也很容易解释。例如某一个客户有一笔投资预算，准备在近期内展开投资。而华为想获得这笔投资，当时却没有及时准备好相应的预案。

如果华为能配合客户投资的节奏，尽快从无到有制定出一个优秀预案，那么华为就能抓住这次难得的机会。否则，华为将错失良机。这里从没有机会到有机会的差距就是机会差距。可见，若想弥补机会差距，通常需要企业进行新的业务设计。

差距分析是企业进行战略分析的必备环节。差距分析研究的是企业目前"在哪里"的问题，除此之外，企业还要明白变化在哪里、准备去哪里、如何去那里等问题。

企业要弄明白变化在哪里，首先需要做好市场洞察。华为在战略规划方面的市场洞察主要包括以下几个方面：

（1）对宏观趋势的洞察

这种洞察包括对国家经济、政治、文化、社会等变化趋势的洞察，对这些趋势会给行业带来哪些影响和变化的洞察，以及对产业技术发展趋势的洞察。

（2）对客户的洞察

这种洞察主要围绕客户展开，企业需要尽可能地了解客户未来几年的发展战略，了解客户最需要什么、发展战略的痛点在哪里等。

（3）对竞争对手的洞察

商场如同战场，知己知彼，才能百战不殆。尽可能地了解竞争对手未来的发展战略和市场定位等信息，这对企业来说不是坏事。

（4）对自身的洞察

企业既要明白自身的优势在哪里，又要清楚自己的不足在哪里。企业在洞察自身的同时，要发挥自身优势，弥补自身的不足，这样才能立于不败之地。

（5）对机会的洞察

对企业来说，未来的投资机会、融资机会、市场机会、品牌机会、产品机会等都是需要深入研究的。

企业弄明白了变化在哪里，也需要弄清楚自己准备去哪里，这样才能寻找去那里的方法。华为的做法是通过明确战略意图来弄清楚准备去哪里。企业设定战略意图时，首先需要研究的是自己想要在未来达到怎样的高度。

例如企业希望在未来5年内将销售额从10亿元提升至20亿元。这里需要强调的是，企业希望达到20亿元的销售额是需要经过计划和考虑的，也就是说企业需要对这一销售额拥有一个十分清晰的战略意图，才有可能达成所愿。

另外，企业的战略意图除了要包含企业的战略目标，还要包含企业的愿景、长期财务目标、战略阶段等多项内容。

企业弄清楚了准备去哪里，还需要知道怎么去那里。华为的做法包含三部分内容：创新焦点、业务设计和战略执行。

对一个企业来说，创新焦点的意思就是，企业在未来应该把创新集中在哪些点上。实际上，企业的创新焦点可以集中在产品组合、核心业务、盈利模式等多个方面。

企业将创新活动集中在一些焦点上后，可以建立一些试点考核指标，在这些指标中，也可以加入信息业务考核项目。其目的在于在不考虑盈利等因素之外，积极培育信息业务。通过这样的组合业务管理，企业不仅能满足现有的经营要求，同时还能培育新的战略机会点。

另外，企业还需在多个层面寻找创新因素并进行创新，包括组织创新、产品创新、方案创新、人力资源管理创新等。这些创新一开始不必全面实施，企业可以在某个区域、部门，甚至是某个环节建立试点，进行相关实验。如果试点取得成功，便可在其他区域、部门或环节进行全面推广。这是寻找创新焦点的重要步骤之一。

企业在创新时难免会经历失败，但失败并不可怕，企业可以接受部分失败，并从失败中寻找成功的元素。这样一来，不仅鼓励了创新，同时也孕育了更多的可能。

业务设计需要价值设计和价值驱动，它包含了多个维度的设计，比如价值主张、盈利模式、客户选择、战略控制、风险管理、价值获取等。

图2-4 企业战略设计示意图

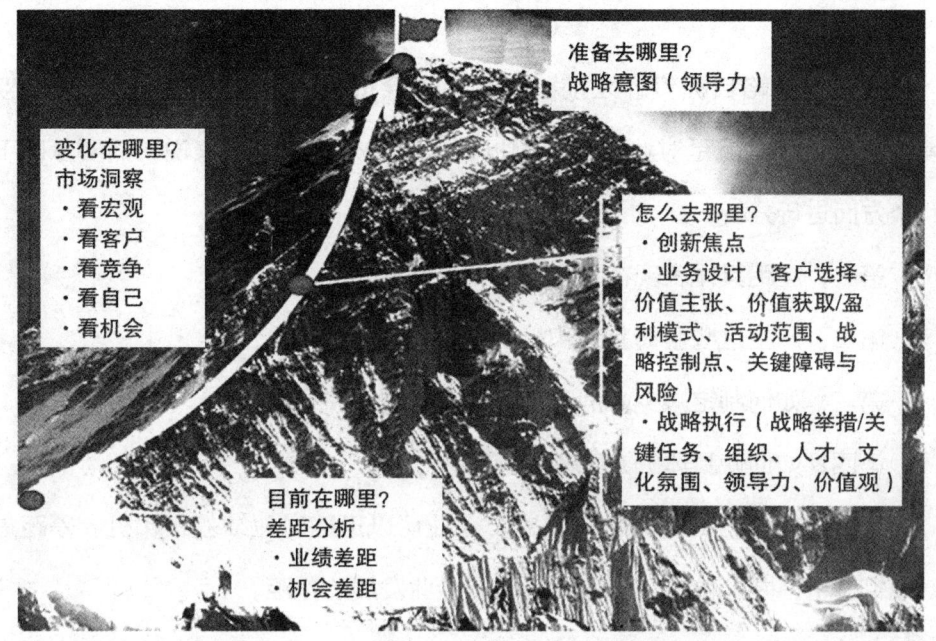

企业战略设计就像是登山，目前在山脚，战略意图屹立在山顶，中间部分包括市场洞察、创新焦点、业务设计、战略执行等。其中，市场洞察、创新焦点、业务设计体现了企业的领导力，而战略执行则体现了企业的整体执行能力。中间的一切都围绕战略意图展开，它能帮助企业以差距为基础，从山脚攀登到山顶。

华为这套系统的方法论具有巨大的价值，它能帮助企业制定科学的战略。这套方法论以差距开始，又以弥补差距结束，它通过统一的语言让企业员工迅速理解企业愿景，快速对企业战略达成共识，最终形成上下一心的氛围和统一的决议。它运用逻辑的力量，针对差距提出关键任务，促进战略的落地执行。

4. "双差"分析与战略目标设计

在进行战略目标设计之前,华为首先会进行"双差"分析。所谓"双差"分析,其实就是对业绩差距和机会差距的分析。一般来说,需要从以下几个方面进行分析:

第一,差距具体表现在哪些业绩和机会上?

第二,产生这些业绩差距和机会差距的原因是什么?

第三,如何制定减少或消除差距的有效方案?

第四,如何使具体的方案落地实施?

通过这四个方面的讨论和研究,企业可以迅速对业绩差距和机会差距进行透彻分析,并能快速消除这两种阻碍企业发展的差距。

战略目标设计要基于"双差"分析。实际上,战略目标设计在很大程度上也是为了消除"双差"才制定的。所以,不管从原因的角度来看,还是从结果的角度来看,"双差"分析都是战略目标设计的前提。

在华为的战略管理过程中,需要遵循一些原则。这些原则多少都会与"双差"分析有关。

华为在进行战略管理时通常要受到两个指标的约束:一是运营效率,二是竞争力。提高运营效率、增强企业竞争力也是华为执行总裁的两大核心任务。

以这两个约束指标为中心,华为总共解决了三个重大问题:

问题一:华为身在何处

要了解华为身在何处,就需要将华为实际取得的成果与华为期望取得的成果相比较，也就是将实际值与预期值相比较。当然，这种比较包括许多方面，比如实际业绩与期望业绩之间的比较、实际机会与期望机会之间的比较、实际管理效果与期望管理效果之间的比较，等等。有了比较，华为高层才能发现差距所在，才会因差距而对现状产生不满，进而通过科学合理的战略目标设计来弥补差距和消除不满。针对这个问题，最重要的是做差距分析，并以此来让华为看清自己目前所在的位置。

问题二：华为要去何方

在业界，华为想要登上哪座山峰，想要站在怎样的高度上？这是华为人在进行战略目标设计时不得不考虑的问题。总之，就是要弄清华为的未来目标是怎样的，在完成目标的路上它又会经历哪些阶段，树立起什么样的战略里程碑等。在解决这个问题时，华为需要了解业绩差距和机会差距的差距程度有多少。如果差距程度过大，就说明预期与实际的差距过大，其结果就是根据预期设计的战略目标会很难实现。如果这个差距大到难以想象的程度，那么根据预期设计的战略目标便几乎不能实现，而对华为来说，这样的战略目标是没有意义的。相反，如果预期与实际差距很小甚至是没有差距，这也是华为不接受的。尽管华为非常乐意看到实际结果与自己的预期相差不大的情况，但是，这对华为的战略目标设计是没有帮助的。差距过小或是没有差距往往会使员工们丧失工作的积极性，让他们形成只需稍稍努力便能达到企业战略目标的惰性想法。显然，这对企业的长远发展是有百害而无一利的。如果差距过小，企业就要提高预期，或是提高企业的战略目标，让战略目标与实际结果的差距保持在一个稳定的区间内，既不让战略目标难以达成，又不让战略目标过于容易达成，这样才是明智的。

问题三：华为怎么去"想要达到的"位置

"怎么去"的问题是战略目标设计中的关键一环，它包括三大层面：一是市场洞察，二是业务设计，三是战略执行。要想知道"怎么去"，就需要知道造成"双差"的主要原因。这就要求华为拥有一个极具洞察力的团队，让他们用锐利的双眼去发现造成差距的原因，然后再根据发现的原因对症下药，制定一系列行之有效的执行措施。

与"双差"分析一样，企业在进行战略目标设计时也需要遵循一定的原则。华为在制定战略目标时通常会遵循四项基本原则：

原则一：企业领导者必须亲自领导和参与战略目标的设计

企业层面的战略目标是一个企业发展的核心，而企业领导者的职责就是通过自身的领导来帮助企业实现快速发展。因此，对于能够左右企业发展的战略目标，企业领导者需要亲自参与到它的设计和制定环节，并对其实行严格的监控，以保障企业的发展不出问题。战略制定是领导者的权利，这项权利是不能授予他人的。领导者必须亲自领导企业的战略制定，必须以兼顾全局的眼光来审视战略执行的全过程。

原则二：战略目标的设计必须以差距为导向，或者说要以"双差"分析为导向

差距是制定战略的初衷。因此，战略目标设计必须以差距为导向。企业不仅要分析自身的业绩差距，也要分析自身的机会差距，同时还要根据分析的结果，集中力量、合理配置资源来解决关键问题。

原则三：战略目标的设计要与战略目标的执行相结合，既要重视战略目标执行的结果，也要重视战略目标执行的过程

设计战略目标是为了使企业的愿景落地执行。如果在制定完战略目标后,将其束之高阁,不分配给员工执行,或者不对员工的执行过程进行监控,也不听取员工的反馈,那么企业就无法形成闭环的系统,企业的战略目标也会变得毫无价值。

原则四:战略目标的设计是一个持续不断的组织行为

在不同的发展阶段,企业的业绩差距和机会差距是不同的,所以企业就需要根据变化的"双差"来调整自己的战略目标。由此可见,战略目标设计不是一次性完成的事情,它需实时进行调整或重新设计。一些初创企业甚至包括上市公司的总裁常常希望一次性完成企业的战略制定,但是这件事情本身绝不可能是一劳永逸的。因为行业在变、市场在变、客户在变、竞争对手也在变,在变化莫测的商场上,战略制定是一个持续的过程,它需要时时进行适配和调整。企业的高层要对这种情况有一个深刻的理解,只有这样,才能通过不断的演绎和内化帮助企业更好地发展。

第三章　战略制定：BLM 模型"战略"部分详解

任正非说：

当公司决定往某一战略方向发展时，要在相背的方向对外进行风险投资，以便在自己的主选择出错时赢回时间。当事物还处在混沌状态、自己没有主选择时，要同时在多个方向进行均衡的风险投资。只有当事物的主线越来越明晰后，才能大规模地组织队伍扑上去。即使在扑上去时，也要认真研究哪些可以进行国际合作。不要什么都自己做，任何一个公司都要走专而精的道路。（来源：产品线管理办公室工作汇报会议纪要，2000）

大数据流量时代，没人知道未来的流量到底会有多大，固网将发挥重要作用，有巨大的市场机会。既然我们确定了大军滚滚向前的方向，就要把实现目标的多重机会都当成对目标进攻的方式。不能只赌一种机会，那是小公司资金不够时的做法。我们是大公司，有足够的资金支持，要敢于投资，在研究与创新阶段可从多个进攻路径、运用多种技术方案、多梯次地向目标进攻。在主航道里用多种方式划船，这不是多元化投资，不叫背离主航道。现在的世界变化太快，别赌博，只赌一条路的公司都很难成功。因为一旦战略方向错误，就会造成巨大损失。（任正非：在固网产业趋势及进展汇报会上的讲话，2015）

战略制定是企业发展必经的过程,它将企业前期对市场观察所得到的数据进行综合分析,制定企业未来一段时间内的发展方向以及发展战略和模式,这其中包括公司层、业务层以及职能层等。战略制定是企业对外部威胁的确认以及对潜在机会的认知,它使企业能够对自身的优劣有一个清晰的认识,在此基础上制定一个可供实施并能够达成的目标。

华为战略的制定从准备到执行有着一套标准的流程,从对战略意图的观察到战略生成,这套流程保障了华为能够充分考虑到企业自身发展所需的一切因素,包括技术、市场、产品、服务等。在这个过程中不断完善、丰富企业的战略体系,使其能够更好地适应市场,增强竞争优势。

1.战略意图:战略思考的起点

华为的BLM业务领先模型对企业的战略制定和战略执行有着独到的见解,它认为企业的战略制定和战略实行可分为八个方面:一是战略意图,二是市场洞察,三是创新焦点,四是业务设计,五是关键任务,六是氛围文化,七是人才引入,八是正式组织。在这八个方面中,哪一个才是战略思考的起点呢?很明显,答案一定是战略意图。华为的战略规划做得好的主要原因在于其战略意图陈述做得好,或者说它的战略目标表达得好。良好的战略意图陈述、战略目标表达既是战略思考的起点,也是战略规划的起点。

战略意图描述主要是对战略目标的表达。企业要想做好战略意图陈述,就需要向华为学习如何解决以下关于战略意图的问题:

问题一：战略目标是否明确

要将战略意图陈述清楚，就要将战略目标表达清楚，这就要求企业将战略目标明确具体地表达出来，表达出它所要达成的行为标准。华为在陈述战略意图时一定会将战略目标明确化、具体化，模棱两可的战略目标只会导致企业迷失发展方向，从而导致企业的失败。纵观现代企业，凡是成功的企业几乎都具有明确的战略目标。

问题二：战略目标是否可衡量

战略目标要具有可衡量性，一般来说，可以用一组明确的数据作为目标可衡量的依据。这组数据的作用在于，企业可以利用它来衡量战略目标是否达成。

不能衡量的战略目标通常也是无法判断能否实现的目标。这种目标在实行时很难给出明确的达成条件，如果没有条件作为衡量目标是否达成的依据，就会导致企业一线无法与企业上层就目标是否达成形成共识。例如企业领导认为离战略目标还有一段距离，但基层员工可能认为战略目标早已达成。这种分歧就在于企业制定的战略目标是不可衡量的。为了避免这种问题的发生，企业要将战略目标量化或质化，这样才能使目标制定者与目标执行者有一个统一的标准。

问题三：战略目标是否可实现

企业的战略目标要具有可实现性。不能实现的战略目标对企业来说是没有意义的。若企业领导者向下属传达的是不可实现的战略目标，就往往会导致员工们从心理上抗拒自己的工作。不可实现的战略目标一方面会影响员工工作的积极性，另一方面也会成为员工始终无法达成目标的理由。

控制性较强的企业领导往往热衷于为企业制定战略目标，然后再分配给各部门、各员工去完成。然而，这类领导却不注重员工的意见和反馈，制定的目标过于理想化，员工很难去达成。解决这一问题的办法是，企业在制定战略目标时应该尽可能多地让管理层和员工代表参与制定过程，这样更利于制定出可实现的目标。企业制定的可实现的目标可以是跳着"摘桃"的目标，但绝不可以是跳着"摘星星"的目标。

问题四：战略目标是否具有实际性

目标具有实际性，标志着目标在现实情况下是可被执行和可被操作的。没有实际性的战略目标一般会在两种情况下出现：第一，领导对现实情况了解不够，导致其过于乐观地制定了战略目标，同时低估了达成目标所需的人力资源、设备资源、技术条件、团队因素等条件。这样制定出的目标高于企业实际能力，是不符合现实情况的。第二，企业领导花费了大量的人力、物力、财力去完成目标，导致目标的成本比目标所能带来的利润还要高，这样的目标显然是没有意义的。

问题五：战略目标是否具有时限性

华为在制定战略目标时一定会为目标设定一个时间限制，即目标在何时必须完成。为目标设定时间限制可以确保员工的积极性，适当给部门以紧迫感和压力，从而促使战略目标尽快达成。对于没有时间限制的目标，企业很难对员工的绩效进行考核。缺少了时间依据，就可能造成考核不平等的情况。战略目标没有时间限制会让员工工作时没有轻重缓急的概念，企业领导着急的工作，员工却不慌不忙，这自然会引起一系列的问题。所以，制定战略目标时，企业一定要为战略目标制定时间限制或提出时间要求。

华为在描述战略意图时会严格按照以上几个问题展开思考，同时会按照这些问题进行战略目标表达，以确保制定出具有明确性、可衡量性、可实行性、实际性和时限性的战略目标。一直以来，华为的战略意图只有一个，即"通过持续提升企业竞争力，最终成为行业领导者"。华为不仅想要成为国内行业的第一，还想在世界范围内成为行业第一，这便是华为战略意图的精髓。

企业的战略意图要长期保持一致性，它不能随着时间的变化而变化，因为长期的战略意图可以保证企业资源配置的长期一致性，这样更有利于企业开展内部工作，确保战略目标尽快达成。在进行战略意图描述时，企业不需要限制战略意图达成的手段，只需要规定战略意图的最终目的。一般来说，若中小企业面对的是一个细分市场，那么其战略意图往往是成为这一细分市场的领导者。

另外，在描述战略意图时一定要进行战略聚焦，因为战略聚焦是战略突破的关键。任何企业都不能搞机会主义，不能等待机会的降临，而应该用战略聚焦来发现和寻找机会。只有这样，企业才有希望，才能在茫茫市场中找到更好、更有利于发展的机会。

2.市场洞察：决定战略思考的深度

华为的战略制定首先要完成的任务便是市场洞察，即"战略洞察"，而在这个过程当中它通过五种方式对战略机会点进行掌握，这五种方式简称为"五看"。

图3-1 战略洞察（五看）的工具和方法

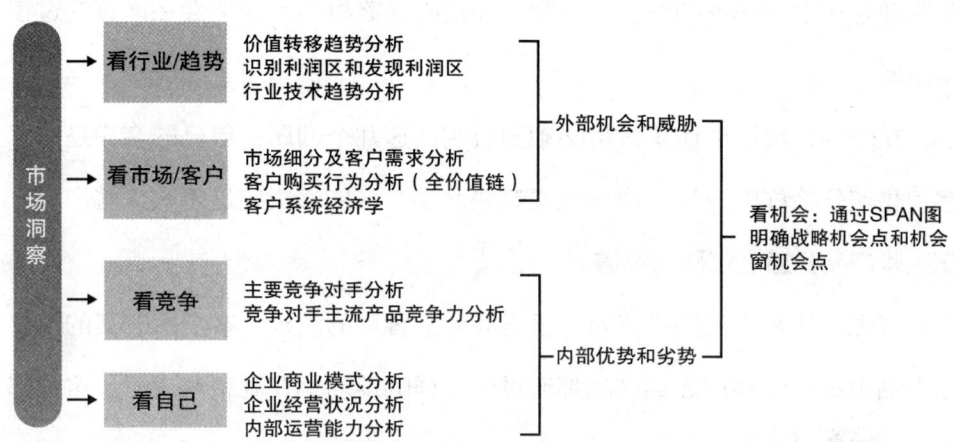

看行业

要做到这一点，需要企业对所处行业现状以及行业未来的发展趋势有一个清晰的认识。从宏观上来讲，包括企业对国家这一层次的政治、经济、文化等方面的发展态势有着怎样的看法，这些变化对企业所处行业将会产生什么样的影响，在整个行业内行业的技术水平在将来有着什么样的发展趋势，它将会产生什么样的变化，等等。

企业注意观察行业的发展变化、商业模式与利润模式的变化，会为企业带来新的战略机会点。企业在行业发展中要对利润有所识别，能做到主动发现利润区。企业要训练出灵敏的"嗅觉"，能够及时感知到有利润的区域。

看市场

华为在观察市场短期的发展方向和态势方面做得非常到位，它能够针对市场在未来五年的发展态势和发展的战略方向，以及对客户在未来发展当中所存在的痛点做出预测方案，并且这套方案有着很高的准确度。企业要与哪些客户展开合作？客户需要购进什么样的产品？客户有着怎样的需求？这些都需要企业进行详细的调查与研究，而这些战略机会点往往会在调查的过程中出现。

在华为，每一位销售人员必须要搞明白这几个问题：自己的客户是谁？客户想买什么样的产品？由谁来买这些产品？谁能够决定是否买这些产品？买这些产品要通过怎样的渠道。

首先，从客户的购买行为入手进而分析客户的需求。客户所购买的仅仅是产品本身吗？客户购买产品都通过什么样的渠道？在观察客户时，这些都是企业要考虑的事。

华为在面对不同的客户时有着不同的侧重点：面对购买者就要侧重产品质量的提升；面对运维者，就要侧重降低运维成本；面对财务官就要侧重资金成本的降低；面对执行官就要侧重加大销售，等等。不同的客户，侧重点不同，针对的方案也就不同，总之一切运转都要以企业所面对的客户为出发点。

看竞争

华为在看竞争方面主要是对竞争对手进行观察，只有知己知彼，才能在商战中做到百战不殆。具体通过预测竞争对手在未来的定位以及发展态势和规模，研究其发展战略；在观察竞争对手时，不仅仅局限于观察它的产品。企业产品的强大只是外在表现出来的结果，而里面的各种因素才是需要企业仔细观察的重心。

华为当年在安徽做无线业务时与爱立信竞争，爱立信利用自身拥有顶级人力资源团队的优势，通过为安徽移动提供免费人力资源咨询服务招揽了安徽的无线业务，使华为大败而归。爱立信通过自身的优势为业务打开了一条通路，进而击败了竞争对手。华为学到了这一法门，在之后利用这个方法在南非击败了竞争对手。

看自己

表3-1 商业模型表

【重要伙伴】 供应商、合作伙伴等	【关键业务】 实施商业模式必需的研发、生产、销售等活动	【价值主张】 我们能够给目标客户提供什么？产品与服务为客户带来什么价值，或者为客户解决什么痛点？ 我们特有的和优势性的价值定位是什么？	【客户关系】 通过何种方式维系和增强与客户的关系？	【目标客户】 我们如何选择高价值目标客户群？ ·什么公司？ ·所处位置？ ·什么样的决策者？
	【核心资源】 平台/网络、关键人才、客户关系或关键设备等		【渠道】 如何找到客户？	
【成本】 制造成本 销售费用 研发费用 管理费用				【收入】 盈利模式 客户价值 销售收入 利润
战略控制点和组织				

商业模型画布能深入分析企业自身的优势、劣势和差距

华为在观察竞争对手的同时也在不断地审视自己和更正自己，择其善者而从之，其不善者而改之。华为利用竞争对手弥补自身的不足，并对自身的优点进一步的挖掘，并利用SMART分析模型对企业所面临的机遇与挑战进行进一步的明确。企业在对战略进行洞察及规划阶段，会在其中寻找到众多的机会点，这算是一种加法；而在对自身进行观察时，则要对自身有一个明确的定位和判断，要准确地分析自身的能力，将企业自身能力之外的机会点舍去，这算是一种减法，企业最终所得到的便是最符合自身发展的战略机会点。

看机会

企业在机会点的寻找上有三个注意点：一是市场空间，二是增长速度，三是利润。华为通常不会选择市场空间大而增长缓慢的行业，通常增长速度的迅猛代表着变化，而华为对这种变化快的市场显得情有独钟。

图3-2　市场机会点示意图

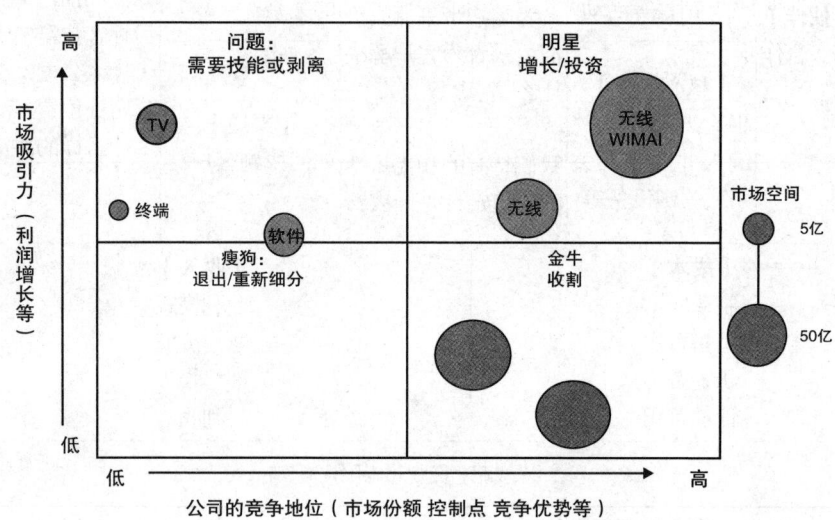

企业要在观察客户的同时寻求投资机会，对市场的空间进行探索。华为曾经在手机战略规划方面研究了4年，仍然没有一个确切的结果，之所以慢是因为还没有达到高市场占有率和高市场增长率的明星业务状态。如果华为将来发展到低市场增长率和高市场占有率的金牛业务状态，那将来就要在其他增长性业务方面进行拓展和延伸了。

3.创新焦点：将创新作为战略思考的焦点

"领先半步是先进，领先三步成先烈"，华为能有今天的成就离不开这句话，一个企业拥有坚定的信仰和理念，也就相当于有一盏明灯在它的前方一直指引前进的方向。

当今，企业要想打开市场就离不开创新。华为作为中国科技型企业的代表力量，创新、研发一直是华为集团令人称道的领域。而华为之所以能在创新上取得如此成就，很大一部分原因是凭借其领先"半步"的能力。

创新是企业发展的源泉，华为也不例外。华为之所以能在众多企业中脱颖而出，在全国甚至在世界范围内获得广泛的赞誉，是因为华为有着强悍的创新能力，也正是这种能力使华为在时代创新的浪潮中成为弄潮儿。

凡事有度，过犹不及，华为的成功正好印证了这一点。在华为内部讲求一种"务实"的文化精神，它讲究超前意识但反对过于超前，它主张立足于实际，立足于广大消费者的体验和需求，而不是一味地贪功冒进。这种"务实精神"在华为的企业文化中占据非常重要的位置。可以说，华为的创新不只是技术层面的创新，更重要的是它的理念创新，它的核心价值观是理念创新的根本。

当今，电信设备的更新速度不能仅仅用"快"来形容了，面对巨大的市场竞争压力，抢占市场先机就显得尤为重要。因此众多的企业都在进行技术方面的改进和创新，华为也不例外。它的目标是要将技术达到世界一流水平，但华为并非单纯追求尖端科技，对于那些与消费者日常生活没有什么关联的顶尖技术，华为是极少进行研究的，因为这些技术并不能够为生产力带来实质性的变革,不能变成流动的资金,也就无法保证技术实现利润的最大化。在2012—2015年,全世界的通信行业都显现出一种低迷的状态,在这种情况下,华为在2015年的收入却比前一年增长了30多个百分点,靠的就是华为"立足于实际、立足于广大消费者"的理念。也正是这种理念,使华为能够时刻检验自己的创新是否符合大众的需求。

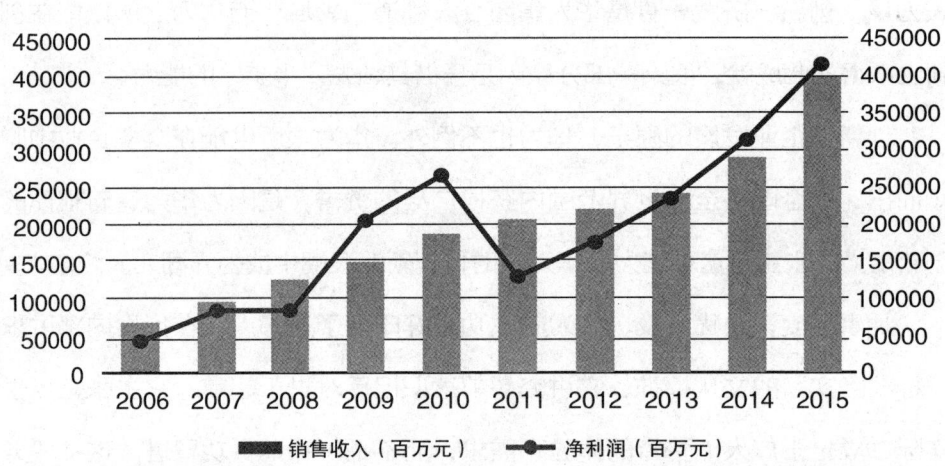

图3-3 华为历年销售收入与净利润

技术的革新要立足于实际,要立足于广大的消费者,华为做到了这一点。即使再厉害的科技,如果不能够推向市场成为商品,那它就是一种资源的浪费,华为所做的就是要避免这种浪费,它将这种为了创新而创新的做法视为幼稚。

"领先半步"是要领先对手半步,做到"人无我有,人有我优",领先的这半步是相对于竞争对手而言,将创新体现在更高的质量和效率上,这样企业才能拥有更高的效益。而过多的创新即我们所讲的"领先三步",便不能够对客户的需求进行客观的分析，产品只注重创新而不顾及客户的体验是注定不能成功的。从一定意义上来讲，客户的需求代表了产品发展的方向，这是实实在在的东西，如果只是一味地追求技术，就很容易陷入华而不实的陷阱，时间久了，产品就会面临被淘汰的命运。

市场的成功才是真正的成功，仅仅把目光放在技术的自主研究上还不够，要学会利用消费者的心理，多在市面上进行调查和研究。许多企业一味地追求创新，拼命地进行研发，耗费了大量的人力、物力和财力，结果研发出来的产品却大大超出了消费者的认知范围，导致了拥有更多创新型产品却卖不出去。大部分公司倒闭都是因为这个原因而非技术的落后。

华为创办初期也曾过度追求技术创新，对于创新的认识是盲目的，它们将创新放到了第一位，对客户的意见和需求并不在意。当他们研发出自己感觉不错的产品时就一厢情愿地为客户介绍、推荐，只是表述自身产品，却对客户的话置若罔闻，导致华为在这方面栽了很大的跟头，失去了中国电信的市场。但华为及时地改正错误、调整策略，终于得到翻身的机会，承包建设了全世界最大的NGN网（中国移动的汇接网）。

如果将华为比作一辆自行车的话，那么科技创新就是推动它前进的后轮，而前轮则是市场需求，只有这两个轮子齐头并进才能推动华为这辆车飞速向前。科技创新这个后轮提供源源不绝的动力，而市场需求这个前轮才是决定这辆车今天乃至未来企业发展方向的主要因素。可以说，目前华为做到了这一点，才立于不败之地。

4.业务设计"五看":战略思考要归结到业务设计中

华为的业务设计一直贯彻"以客户为中心"的理念,这是产品设计最核心的要求。业务设计落实之后,最终是否能够得到客户的认可则需要战略目标的指导。华为对战略点的把握是比较精准的,在过去的十几年中华为在战略上几乎没有什么大的过失。不仅如此,华为在精准选择战略点之后,对战略的落实表现得更为出色,它一抓到机会就毫不犹豫地迅速变革,效率非常高,比如无线网络的研发应用、华为终端的开发等。华为强大的执行力背后是企业明确的发展导向。

华为的业务设计之所以出色,是因为它形成了一套自己的理论框架,这套框架包含了业务设计的核心,现在就对这套理论框架进行详细的介绍。

表3-2 华为业务设计表

客户选择	谁是你的客户? 1.选择客户的标准(价值驱动、竞争驱动兼顾实效性) 2.识别价值客户、潜在客户
价值主张	客户为什么选择我?怎样实现竞争优势(差异)? 1.客户需求 2.如何盈利(利润模式)
价值获取	怎样获利?有其他盈利模式吗? 1.如何赚钱 2.如何盈利(利润模式)
互动范围	1.经营活动中的角色和范围(时间、空间) 2.价值链的位置及合作伙伴的关系
战略控制	怎样建立持续的利润增长在价值链中的角色? 1.客户需求转移趋势 2.战略控制点

第一篇　战略制定：战略生成环节的深度思考

（续表）

风险管理	有哪些潜在的风险？怎样管理？ 1. 不确定性 2. 潜在风险：市场、对手、技术 3. 全面视角：外部内部

　　首先，企业要明白，无论是制定战略还是研发新产品，首要任务便是进行客户选择，即要搞明白所研发的这些产品将要卖给谁。哪些客户能够使企业研发的产品发挥最高的价值？企业研发的产品不同，其对应的客户群便不同，所以企业必须清楚这些产品要销售给谁。在这里，企业就要思考和客户彼此间对应的价值是什么，这也是企业产品策划者、产品销售者、战略规划者最为注重的一件事。这是他们工作的核心，只有寻找到合适的客户，企业才能够研发出真正符合客户需求的产品。华为在这一点上表现得相当明显，华为并非是先研发产品，然后将它销售给客户，而是先对客户进行选择，之后再根据客户的需求对产品进行研发。

　　此外，企业在进行客户选择时也要注意，并非所有产品的决策者的身份都是一样的。当企业研发的产品拥有与市面上同类产品一致的功能和规格时，这些产品的研发并非是根据客户需求，因此，这种情况下产品研发的决策者通常是企业的首席采购官。但当这些产品在原有的基础上根据客户需求进行更新时，产品研发的决策者可能就要发生一些变化了，除了采购官，可能还会有运营官、执行官或财务官。举个例子，汽车上的变压器在使用时是有一定的条件的，需要能适应非常规环境的运作，因此这样的产品在研发时决策者就不能只是采购官，它的决策需要有首席技术官的参与，因为产品部分对整体有着非常大的影响，这种特殊性使得首席执行官可能也会参与决策。因此，在研发产品时明确客户和决策者是企业进行业务设计的首要步骤。

图3-4 战略管理框架（五看三定模型）

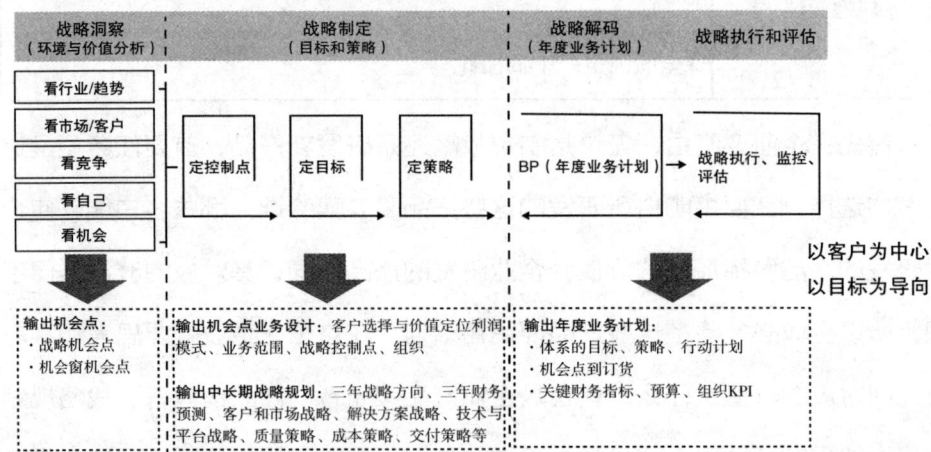

企业在进行客户选择之后，紧接着就要考虑研发产品的价值定位是什么，通俗来讲，其对应的就是客户的迫切需求以及客户在市场上其他同类商品中体会不到的点，在营销学中这个点叫作痛点。如果企业研发的是监控设施等安保类产品，那么警察对产品的核心要求则是能够将人脸抓拍到位，而交通部门对产品的核心要求则是能够将车的牌照抓拍得清晰。因此，即使是相同的产品，客户不同，对产品的需求也是不同的。因此"以客户为中心"的理念要在企业的各个方面都体现出来。此外，企业的价值定位还要考虑客户为什么在市场上的同类商品中选择本企业的产品，这一点在价值定位中也是极其关键的。如果客户选择了其他卖家，企业就要考虑，比较而言本企业的产品在哪些方面满足不了客户的需求，再由此找到切入点，使本企业能够在已有的基础上打造与之不同的竞争优势，如价格低廉、产品服务好、交货提货快，等等。在华为的生意经中，任何业务设计的首要核心便是客户选择和价值定位。

企业在挑选完客户并对产品价值进行定位后，就该考虑如何盈利了。在这方面，华为刚开始是通过开拓市场规模并增加份额、之后将成本持续降低的方式来盈利，但这种方式并不是很高端，华为通过研究国外的获利模式，在价值获取方面有了很大的进步，这种价值获取模式叫作速度模式。华为在经营无线网管的时候，其竞争对手为通信行业的巨头爱立信。华为在销售产品的时候给客户报的价格为800万，而爱立信报的价格比华为报价的一半还要少100万，这种情况使华为很是费解，爱立信的研发成本是不可能比华为低的，但为什么它报的价格却这么低呢？后来经过研究华为发现，这里面是有玄机的，原来华为的网管系统是没有版权限制的，它只是将系统一次性地卖出，而爱立信却只将系统提供给10万个用户，与此同时，在5年以内，对客户进行收费。在这段时间内每增加一位新用户，爱立信就能够收入5美金，如果一年能够增长200万用户，5年算下来就能够增加5000万美金的收入，相比之下，华为就赚得少多了。这种商业模式能够在客户中吃得开，原因在于通常进行首次采购的是首席采购官，他看中的是首次采购的成本，而之后的版权收费则是由市场总监或运营官来裁决，这两方面的决策者是不一致的。经过这次教训，华为吸取了经验，对价值获取模式做了改进，这也说明企业在初始阶段就要将价值获取方式确定好的重要性。

企业的投资规模是深受业务范围影响的，什么是业务范围呢？通俗来讲，就是企业对自身责任的一个划分，什么事情应该做，什么事情不该做；什么任务是通过企业自身来完成的，什么业务是通过企业的合伙人或供应商来完成的。曾经华为终端在进行业务设计时有一个核心问题困扰着它，就是芯片是否要由本企业自行设计。最终华为通过战略规划将业务范围进行确认，决定由企业自身进行芯片研究，当今名声大噪的麒麟芯片便由此产生。在2012年，华为的芯片还不能够满足市场的需求，自身制作芯片这个决策对当时华为终端的投资造成了非常大的影响，并且当时芯片研究和试产的成本很高，试产一次就高达几千美金，这对企业来讲是相当大的一笔投入。华为的终端战略做了好几年，原因就在于企业没有将业务范围确定下来。以前华为是提供网络服务的供应商，是和那些通信设备打交道的，在面对消费者和各种专业设计时理解得都不是很深刻，但在这些业务范围内，华为仍做了必须要做的，比如外观的设计，华为还聘请了米兰的专业设计团队对手机外形进行设计，将这些业务范围落实到位。由此可见，企业将业务范围落实到位，对企业最终的业务竞争力有着深远的影响。

框架中的最后一点就是战略控制点，简单来讲，这是一种竞争优势，它既不能够轻易构建，也不会轻易消失，比如说"品牌"就是一种战略控制点，还有就是"专利组合"，再就是"市场份额"，这些都可以称作战略控制点。掌握战略控制点最重要的就是能够使企业业务保持可持续发展，使企业能够发展长久，这样才能够持续盈利。华为终端之所以坚持自己研发芯片，目的便是利用芯片在硬件上的优势使华为能够占据强大的战略控制点。华为终端当时在技术或是品牌等各个方面都没有占据什么优势，因此为了长远发展，即使异常艰巨，华为仍旧下定决心研发芯片。华为在射频领域有着自己独到的见解，其在这方面研究颇深，使得华为手机能够接收全球频道，因此手机信号强也成为华为手机的一大优势。在这方面华为算是占据着一个战略控制点。

5.战略生成"三定":输出机会点和中长期战略规划

华为自创始到现在所坚持的最高目标就是"活下去",这个目标贯彻了华为的发展历程,同时该目标也是华为战略发展的底线。企业只有在竞争中活下去才能够谈发展,否则一切都只是空谈。

任正非提出:面对未来,要学会在战略上进行大胆的预测,只有这样才能够对企业未来的行动路径和战略目标有一个合理的规划。华为当年也曾经在战略上出现过失误,但华为凭借"以客户为中心"的理念,及时地从客户那里得到反馈信息并传达至企业高层,华为高层再根据这些信息迅速认识到战略上的错误,并及时对战略进行修复和更改,使企业降低了损失。这一点是华为确切落实"以客户为中心"的理念指导公司运营方向最有力的推动剂。

从华为的角度来看,制定战略是为了能够使企业走上一条正确的道路,而制定战术则是为了使企业能够在这条路上以正确的方式走下去。因此企业要达到最终目标,首先就要解决走哪条路的问题,之后便坚定不移地沿着这个方向走下去。企业在寻找战略机会、制定战略规划的同时,要注重完善战略管理机制,在公司级别的管理战略的制定过程中也要将目光放到一线,在市场和客户的身上寻找机会点,在最终决策时要坚持"以客户为中心"来决策战略而并非由个别管理者做最终决定。因此企业要落实好目标衡量机制,将战略目标完整落实到组织绩效中,在战略生成的过程中,要使企业内各个部门在执行中能够互相监督,使各个部门能够做到及时沟通。

企业战略生成是一个过程,在这个过程中需要注意三个关键点:

（1）制定战略控制点

企业制定战略控制点的必要性是显而易见的。战略控制点是一种竞争力，这种竞争力不会轻易形成，也不会轻易被人仿效，更不会轻易被人赶上，这种竞争力能够维持很长一段时间。战略控制点拥有着不同的等级，其中最容易达到的是"10到20个百分点的成本优势"，更高层次的是产品性能出色、技术一流、品质卓越、品牌效应高、拥有稳定的客户群体、拥有绝对的市场份额和对价值链的掌控水平高，等等。战略控制点的最高层次便是产品在市场上成为标准典范或是企业专利。

（2）制定目标

2015年，华为的全年总收入为600亿美元，折合人民币将近2900亿。华为在定下一年的目标时将目标定在了818亿美元，这就等于是要计划在下一年收入增长36个百分点，华为定下如此大的目标，它的优势是什么呢？

任正非曾经提到过，要把握住当今时代全球化的战略机会，这对华为来讲是一个十分难得也是十分重要的机会。要抓住这个机会，就要将全体力量集中起来，将资本聚集起来，从不同层次、不同方向对准目标实施高密度、连续性的攻击。可见，抓住全球的战略机会是华为首要的优势。

另一方面，华为拥有众多知识产权和发明专利，其发明的专利数量在中国所有企业中位居首位，在国际专利体系中曾数次位列榜首，华为知识产权的强大减少了许多产权问题的麻烦，同时也为华为打开国际市场带来了强有力的支撑。正因为如此，华为才能有实力、有资格在国际上与电信巨擘畅谈合作。

（3）制定策略

华为当初在开拓国际市场时，对企业自身的定位以及企业前进的路线均有了具体的规划，而要具体实施这些规划并达到理想中的效果，就需要企业制定合适的战略了。企业应该指派谁去开拓市场？如何解决市场前线和后续补给的问题？怎样处理客户与企业的关系……这些问题的解决都需要企业制定合适的战术，在华为明确开拓海外市场的首要方向后，还要对接下来的组织、物流、售后服务、驻地、攻关、后勤等一系列问题设计出相关的策略，这些策略会形成一个体系，一个通往成功的体系。

第二篇

战略解码：华为战略落地的抓手

第四章　战略解码：从战略到运营的层层分解

任正非说：

深淘滩，就是确保增强核心竞争力的投入，确保对未来的投入，即使在金融危机时期也不动摇；同时不断地挖掘内部潜力，降低运作成本，为客户提供更有价值的服务……低作堰，就是节制对利润的贪欲，不要因短期目标而牺牲长期目标，自己留存的利润少一些，多一些让利给客户，以及善待上游供应商。（来源：任正非在运作与交付体系奋斗表彰大会上的讲话，2009）

务实与务虚相结合。我们企业很强调务虚，什么叫务虚呢？就是要利用机会强制牵引公司前进，寻找企业发展的方向，比如说产品的定位方向、人才管理的方向等各种方向，形成这种方向来牵引公司前进。在新的机会点上要敢于站到世界大公司的前面。所以，华为公司从创业到现在，有人说我们是堂吉诃德，为什么呢？就是因为我们从来都是把每一个产品研究的定位点定位在与国际接轨，定位在产品必须具有世界先进水平，而不是定位在国内。这就是务虚，抓住机会，牵引公司前进，在前进过程中，公司旧的平衡破坏掉了，又重新建立新的平衡，那么公司就又上了一个新的台阶。（来源：《抓住机遇，调整机制，迎接挑战》，1997）

战略解码是一种转化方式，它将企业高层定制的战略通过特有的方式转化，使企业内全体员工均能够在理解的基础上执行，从而使员工对战略的执行能力大大提升。战略解码将战略的重点进行分析，将具体的计划和责任落实到企业的每一位员工身上，并随之生成绩效合约。企业通过对内部高层领导者进行召集并对企业发展的方向问题进行充分的讨论等做法，集思广益、群策群力、广开言路，使企业的工作方式得到改进，同时增强了与会领导者的信心，为企业未来的发展注入新的活力。

华为在战略解码方面已经有了相当丰富的经验，华为内部下发的任务能够迅速落实到个人，其战略解码功不可没，它保证了工作流程的简约以及迅速提高工作效率，对企业发展的战略进行支撑，维护了企业内部战略的核心，使企业发展更加便捷、迅速。

1.战略的务实与务虚

任正非在务实和务虚的问题上曾经提到过，要分别设立务虚和务实两套管理体制，务虚的人员只是企业中少数的高层领导，而企业中所有的基层人员都是要务实的。在华为，务实的员工首要的任务便是对目标进行贯彻落实，对企业现有的资源进行充分的调动，对企业内的干部进行考核，将企业所拥有的人力资源转换为物质财富。

华为的务实所贯彻的是企业的权威管理制度，为了推行务虚和务实的管理理念，任正非将企业员工进行分层，每一层的职责均不相同。在他看来，企业若想拥有一个长远的未来，就必须对未来的发展有一个长久的规划，明确企业未来的发展方向以及战略目标是企业必不可少的工作。企业制定的这些计划和目标对企业全体员工有着强大的指导作用，它能够为员工提供充足的动力并指引其前进的方向，也会给整个企业团队意识的培养带来极大的提升。

华为在务实和务虚这两方面所做的成就给众多企业带来强大的冲击，任正非作为华为的领导者，既懂得头脑清醒的重要性，更懂得事物发展变化的客观规律，因此每当华为因为做出一些成绩而举杯相庆时，他都会给予当头棒喝，提醒华为人要保持头脑清醒，另外华为对于产品研发和市场开拓的重视以及高达200多亿的年利润都淋漓尽致地体现出了华为务实的作风。

华为在务虚方面有着极其独到的见解，在华为，负责务虚的人员有四项任务要完成：首先是制定企业发展目标。其次是规划完成目标所需要的措施。再次是对企业内部干部的选拔任用以及调度进行评议和挑选。最后一项是对企业运转的整个流程进行监督控制。

华为在务实方面做得很到位，在务虚方面更是突出，这一点我们通过华为掌舵者任正非的讲话能够明显地体会出来。在华为内部，管理者对思想工作较为重视，主张"批判自我和自我批判"，勇于发现并剖析自身的短处，在员工之间也敢于相互问责并揭露对方的短处。华为注重企业文化、战略、制度等方面工作的开展，在这些并不能直接创造实际资本的方面，华为耗费了大量的精力和金钱。华为曾聘请大批的专家学者，耗费三年多的时间，进行了数不清的商讨，八易其稿，最终编写了一本《华为基本法》，这是华为务虚的表现，也是它的魄力所在。在一般的企业看来，恐怕这种行为就是耽误正常工作而"不务正业"了。华为的务虚所贯彻的是民主决策制,华为为举办"务虚会",每年都特意挑选一些风景优美的景区,让十几位甚至几十位与会者在舒适的环境下根据确定好的主题无拘无束地交流。通常情况下,这个会议会持续两天,在头一天的上午与会者各抒己见、"百家争鸣",等到下午再将议论的重点放到研讨的主题上来,与会者再依据主题进行开放式讨论。在整个过程中,华为总裁任正非和企业的高层领导均非主导者,而仅仅是研讨的参与者,因此在讨论过程中,与会者均能够与任正非或企业其他高层领导进行争论。等到会议的第二天,根据第一天的情况将几种具有代表性的观点拿出来再次进行讨论,讨论结束最终形成纪要。

华为的务虚是在务实的基础上进行的升华,同时它也推动了务实工作的开展,将务虚和务实紧密结合起来,对两者同样重视,在工作中用务虚去指导和校正务实的工作,在务实中保持一种清醒的状态,只有这样才能在面对难题时对症下药、立竿见影。

华为通过对务虚和务实的准确把握,将企业发展的阴阳之道运用得淋漓尽致,务虚和务实这两者在企业发展中缺一不可,若没有这些,华为也不可能拥有如今的规模和成就。可以说,华为这种务虚和务实的精神也在无形中推动了中国企业的发展,是企业管理的精神食粮。

2.战略解码的价值和意义

华为在研究业务领先模型时,首要工作就是进行战略制定,制定完成之后便进行战略解码，因此，战略解码其实是一个过程，在这个过程中战略执行者需要对战略进行理解与领悟，并在战略中找到自己真正所处的位置。在这个过程中，企业中的每一位员工，无论职位大小都有意向做企业战略主航道以内的工作，都希望为企业发展贡献自身的价值，因此，战略解码的价值便体现在能够让企业中的每一位员工都产生与其他员工相关联的共识。

华为战略解码的核心价值主要体现在以下两方面：

（1）战略解码能够支撑企业的战略和业务目标

通俗来讲，就是华为所做的战略要能够下放到企业的各个部门、各级岗位，落实为各个部门和岗位的业务指标。在这个过程中，从企业到部门，再到各个岗位，是一种由上而下的垂直分解，并且在整个过程中都要保证组织重要绩效指标和个人绩效承诺相一致。

（2）战略解码能够支撑企业的业务流程

从根本上来讲，整个业务流程都指向一个最根本的目的，就是盈利。因此，企业管理工作的重点便是构造一个始终简单、高效的业务流程。当业务在企业中运行时，必然会经过诸多职能部门，若想使企业中的各个职能部门能以高效协同的状态维持业务运转，就需要将众多重要的绩效指标互相关联，这同样也是将重要绩效指标的核心输入到各职能部门的过程。

因此，华为的整个战略解码过程按顺序拆分开来便是：先是洞察战略，之后将战略分散到指标体系中，然后对各个组织的重要绩效指标进行确认，最后确认个人绩效承诺。

图4-1 华为战略解码过程

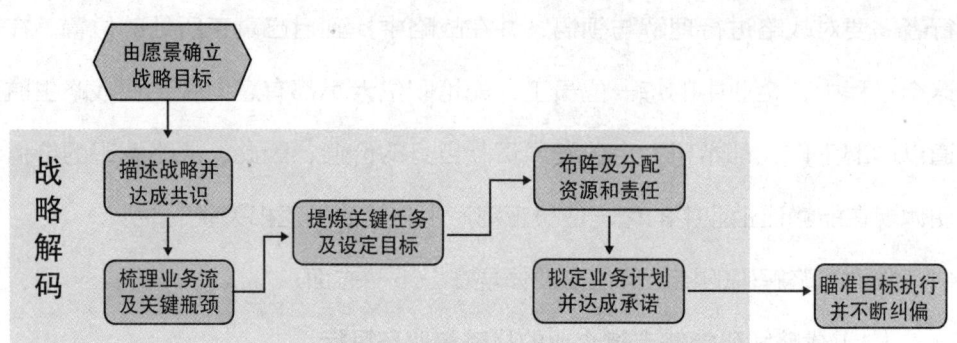

解码就是帮助执行层去理解战略并找到与自身价值关系的过程

有不少企业认为华为的战略规划是一种虚无缥缈的、不扎根于实际的做法，包括国内的很多知名企业在接受国外一些著名咨询公司（比如波士顿、罗兰贝格、埃森哲等）设计的战略规划之后，也曾提到它们做的这些战略规划范围过大，在企业实际运转中应用不到。

其实企业有这种看法是非常正常的，因为如果咨询公司只是对企业前进的战略方向和今后发展做了一个洞察分析的话，那这个战略规划确实没有太大的实际用处，但是如果对这个战略规划进行解码并将它融入企业的主要绩效指标或企业主管的个人绩效承诺中，那么这个战略规划就能发挥极大的作用。

图4-2展示的就是华为战略解码中的核心价值观。

图4-2 价值驱动树状图

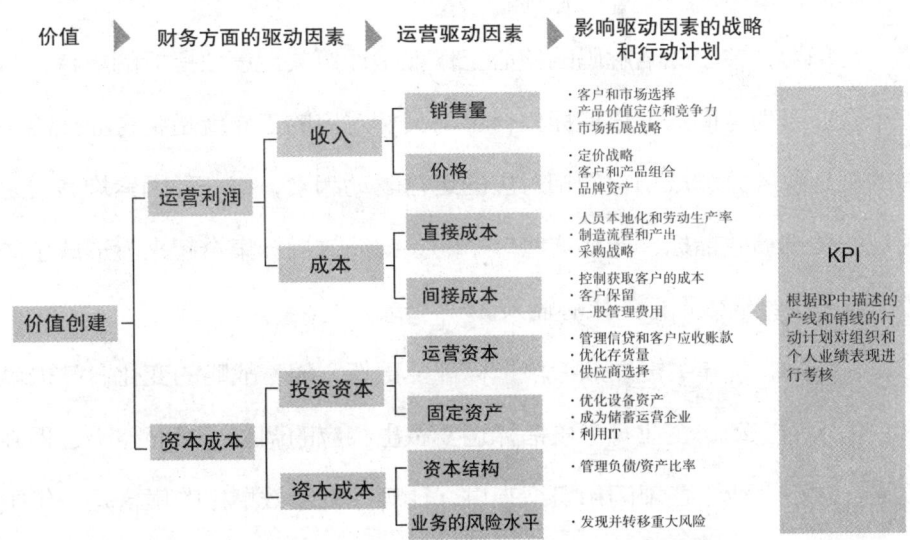

价值驱动树状图：每个运营驱动因素都会受到公司所有层级实施的战略和行动计划的影响。

华为将"价值创造决定价值分配"作为自身战略解码的原则，而这个原则在整个战略解码中处于核心地位。何谓价值创造？其实能够使收入增加就是价值创造的一种，对此再进行细分就是战略和行动计划。在企业中，对于销售者来讲，挑选一个能够使产品销量最终上升的市场目标，这种行为就不仅仅是单纯的价值创造了，而是为组织整体制定关键的行动计划与业绩指标。

一般情况下，华为在做无线行销业务时，通常会在欧洲地区挑选6位客户，对于这6位客户，华为总部要求欧洲地区无线行销的负责人要全部突破，这对于欧洲无线行销的负责人来讲就是最为核心的工作，也是对他进行考核的核心指标。他需要考虑的是，在这一年的规划中，要确定将产品销售给哪些客户，对这些客户根据投入资源力度的大小要有一个顺序的排列，如果在突破客户的问题上没有达到企业的要求，他的考核也会受到很大的影响，这就说明他在选择客户方面有了偏差。

在华为，关于战略解码的核心工作就是计算关键绩效指标的集合，这是整个企业最为全面的考核指标集合，与其相对应的工作就是将企业战略中所有的规划统统分解成和它们相对应的运营驱动因素，每一种因素均有与之相对应的关键绩效指标，而将这些单个的关键绩效指标集合起来就形成了华为整个组织关键绩效指标的核心输入。

在华为，每年关键绩效考核指标都要更新，随着战略的变化、升级以及客户需求的变动，企业对考核指标也要做出相应的调整。然而整个过程并非易事，对于企业中各部门和组织来讲，计算关键绩效指标的集合是一年中最关键的任务。

3.六西格玛质量管理方法——华为战略解码的神奇工具

2004年，华为开始制定并实施五年战略规划。此后的每年，华为都会在原来五年规划的基础上再重新规划一遍。新旧计划相结合，有利于解决华为短期聚焦和长期关注的问题。华为每年向前滚动的五年战略规划主要涉及两个模型：第一个模型是"业务领导模型"，简称BLM；第二个模型是"业务执行力模型"，简称BEM。

其中，业务领导模型共有四个模块：战略意图、市场洞察、创新焦点和业务设计。

业务领导模型的作用在于：利于开发战略性业务，利于识别业务差距，以及利于全方位、多视角地洞察市场情况。

业务执行力模型又称战略解码。华为战略解码的创新性较强，它是将华为原有的战略执行模型与六西格玛质量管理方法相结合的产物。华为成功地将这一世界级的管理方法引入业务执行领域，有效地促进了业务执行力。

华为通过业务执行力模型对企业战略计划进行逐层解码，在这个过程中，起决定性作用的是数据而非理论。用数据说话才是真正符合实践规律的，或者说才是真正可靠的。在解码时，利用数据导出关键绩效指标（KPI）、重点工作和可改进项目等是华为一贯的做法。经过长期推行六西格玛质量管理方法，华为有效地将战略一一分配到各个部门，再由各部门具体分配给个人。华为通过层层把关和有效的战略业务分配，极大地促进了业务的稳定增长。

华为战略解码的神奇工具是六西格玛质量管理方法。那么六西格玛质量管理方法的定义和特点具体是什么呢？所谓六西格玛质量管理方法，指的是一种企业质量流程管理方法。其特点在于坚持完美的商业追求，即追求"零缺陷"。六西格玛质量管理方法的作用是降低企业的质量成本，其目的主要有两个方面：一是提升企业财务成效，二是提高企业竞争力。

六西格玛质量管理方法主要包括三层含义：

一是质量目标。用质量追求来定义管理的方向，用质量尺度来定义管理的界限。

二是管理工具和方法。运用DFSS设计方法对企业流程进行设计，运用

DMAIC改进方法对企业流程进行改善。

三是经营管理策略。首先要提高执行过程的运行质量，再以此为契机提高企业的管理质量，最后实现企业盈利能力的提升。不管在何种经济环境中，企业都要具备竞争力，同时还要具备持续发展的能力，这也是该经营策略的目的所在。

在战略执行领域，六西格玛质量管理方法将华为的战略愿景进行了量化分解，形成了可执行的策略，其战略规划不仅能落实到各部门的关键绩效指标（KPI）上，而且能落实到员工和主管的个人业绩承诺（PBC）上。

华为利用战略解码可以将制定的战略进行科学合理的分解，其目的是让员工明白工作的具体内容，有利于员工更加明确地去执行。所以战略解码主要针对的是企业的执行层，它能帮助员工理解企业战略并准确找到自身在战略中的位置。

华为致力于让所有员工和部门都热衷于实行与公司战略相关的工作，也致力于让员工充分发挥自身的价值。而战略解码就是实现这些工作的有效方法，利用战略解码可以让员工对企业战略深入了解并产生共识，让他们心朝一处想，力往一处使，这样才能保障企业战略按时、按计划完成。

华为的战略解码始终坚持一个原则，即"价值创造决定价值分配"，其方法就是六西格玛质量管理法。华为的价值逻辑一直是这样的，即所有帮助企业创造更多利润的行为都必定是价值创造行为，将这种行为分解下去，就是企业战略和行动计划。

企业战略可以分解成许多行动计划，所有的计划又可以分解成对应的价值创造行为。当然，我们也可以称这种行为是运营驱动因素。每一种创造价值行为又有着对应的关键绩效指标（KPI）。一个部门所有创造价值行为的关键绩效指标集合又可以作为该部门对企业的核心输入，我们将这种核心输入称为组织KPI。

目标行动计划需要与组织KPI挂钩，这也是华为公司一直强调的事情，也可以说，华为始终强调将目标计划分解成组织KPI。

华为战略解码的核心工作就是设计KPI集合，也就是制定华为整体的考核指标集。那么在将战略导成KPI指标的过程中，华为又是怎么做的呢？

一般来说，华为会按照"三步走"的方式实现这一目标：

第一步是确定企业战略的方向，给出战略运营的定义。第二步是推导出关键成功因素（CSF），制定战略地图。第三步是导出战略关键绩效指标。

表4-1 基于战略的KPI指标管理

步骤	第一步	第二步	第三步
步骤名称	明确战略方向及其运营定义	导出CSF，制定战略地图	导出战略KPI
目的	强调对战略方向的具体活动和可衡量性	清晰解码战略，明确为达成战略方向的核心成功要素	对CSF匹配显示量化指标，以评价达成情况
具体描述	基于战略简要整理战略方向，并对战略方向用简短的语句进行战略描述	识别为支撑战略目标达成的中长期的关键成功要素，制定战略地图	确定本战略周期中对应的CSF的内容和范围，识别CSF对应的战略KPI
输出	战略方向	CSF、战略地图	CSF构成要素、战略KPI

其中，关键成功要素是指那些可以达成企业战略目标的核心要素，而要达成企业目标，组织重点管理是必不可少的环节，通过这一环节的实施，才能确保企业竞争优势的差别化。

如果CSF明确，可以直接导出战略KPI；如果CSF不明确，华为就会利用IPOOC方法对CSF构成要素进行导出，然后再根据其要素进一步导出战略备选指标。

IPOOC方法是华为为导出CSF构成要素使用的内部方法，这种方法分为四个维度，分别是Input、Process、Output、Outcome。通过这四个维度就能对CSF完美地展开。

表4-2 IPOOC方法元素表

IPOOC	CSF构成要素
Input	一般包含资源
Process	从战略的角度看，影响CSF达成的关键活动的过程是什么
Output	从流程视角看流程的直接输出，例如产品或制度或客户满意度
Outcome	从内部视角看收益，例如经济结果、客户感受、品牌增值

在这里，所谓的CSF构成要素指的是更具体、更细化的关键成功要素，但是在导出这些要素时不能只求数量，应同时注重质量和数量。一般来说，华为采用的CSF构成要素不会超过5个。当这些构成要素被完美导出后，华为就会进一步导出战略备选指标。

表4-3 华为战略备选指标表

战略方向	战略方向的运营定义	CSF	IPOOC	CSF	备选KPI
有效增长	中国、中东、非洲、南太、西欧服务格局的形成	提升价值市场价值	Input	匹配客户需求的解决方案	客户需求包满足率
					技术标排名
				专业的服务拓展人员到位	专家到位率
			Process	规范项目运作管理	流程符合度
				改善客户关系客户满意度	客户满意度
					SSPR完成率
			Output	获取到的价值客户合同	签单率
				竞争项目的胜利	战略/山头目标完成率
			Outcome	市场份额提升	价值市场份额比例
				订货增加	订货
				利润改善	毛利润

根据战略调整和客户需求的变化，华为每年都会对KPI的考核指标进行刷新。对华为来说，考核指标绝不是一成不变的，而考核指标的变化必定要牵扯到企业战略的变化，同时也必定会受到客户需求的影响。当然，刷新考核指标是一个困难的过程，这需要针对不同部门进行调整，因此华为的战略解码团队每年都会将KPI的调整作为重点工作来完成。

华为战略解码团队的部门主要有人力资源部门、战略规划部门和各个业务部门。其战略解码的核心输入主要包括两个支撑：对公司战略和业务目标的支撑和对业务流程的支撑。

制定战略和业务目标是每个企业发展的重要条件，华为在这方面完成得尤为出色。华为注重将企业的战略目标细化分解到各级部门，也就是将企业战略目标转变成各部门的业务目标。华为的战略目标通过垂直分解，实现了从"公司到体系、体系到部门、部门到岗位"一条龙的精准落地，同时也保证了个人PBC和组织KPI的一致性。

企业的业务流程归根结底只有一个核心目的，即为企业盈利。因此，制定业务流程是华为管理工作的核心。要想使企业盈利，一个持续、简单、高效的业务流程是必不可少的。需要注意的是，业务流程不会只在一个职能部门流动，它一定会"流"过许多职能部门。如何使这些职能部门高效协同、完美配合，促使这一业务流程畅通无阻呢？对于这个问题，华为的做法是实现各部门的组织KPI互锁。而设置KPI核心输入就是在这一过程完成的。

由此可见，华为战略解码的过程是从整体过渡到局部的。首先是从公司的战略洞察开始，接着将战略分解成指标体系，然后确定各部门的组织KPI，最后再到个人的PBC。

第五章　华为战略解码实践

任正非说：

我们要逐步摆脱对资金的依赖、对技术的依赖、对人才的依赖，使企业从必然王国走向自然王国，建立起比较合理的管理机制。当我们还依赖于资金、技术和人才时，我们的思想是受束缚的，我们的价值评价与价值分配体系还存在某种程度的扭曲。只有摆脱三个依赖，才能做出科学决策。我们起草基本法，就是要建构一个平台，构筑一个框架，使资金、技术、人才发挥出最大的潜能。（来源：《华为的红旗到底能打多久》，1998）

未来的挑战不是技术或产品，主要表现在基础研究和创新优势方面，其根本是企业的管理。我们面临的最大挑战是内部管理问题，即在组织、流程、IT等方面建设适应市场需求和及时满足客户需求的管理体系。否则，公司再扩张就会出问题。我们一方面要不断地激活组织，始终保持它的活力，使它不至于退化和沉淀；另一方面，我们始终要保持对组织的约束和控制，不能击垮它，在激励中约束，在约束中激励。取得激励与约束的平衡，并使这种平衡在动态中不断被优化。（任正非：《华为的机遇与挑战》，2000）

企业战略兼顾了企业的发展方向、发展路线和发展方式，是一个企业成功占领市场并获得优秀销售业绩的有效保障。然而，企业的战略目标与部门目标、员工目标是不同的，企业的战略目标要通过层层解码，才能转变成部门目标和员工目标，最终实现战略执行落地。

华为的战略解码实践就是将华为的战略目标层层转变成部门目标和员工目标，最终实现战略落地的实践过程。对大多数企业来说，战略解码是一个非常困难的过程。市场上之所以有很多企业出现亏损、崩盘、倒闭等情况，主要原因就是它们的战略解码出了问题，导致它们无法将战略执行落地。

华为的战略解码实践以六西格玛质量管理法为工具，以完整、循环的价值链管理系统为指导，具有极高的战略研究价值，其意义在于它不仅能帮助企业理清和衡量战略，同时还能帮助企业卓有成效地执行战略。作为中国的标杆企业，华为在国内乃至世界范围内都具有较大的影响力，其在行业内的地位举足轻重，是许多企业学习的榜样。向华为学习战略解码实践，将为企业带来颠覆性的战略实践指导，可以在较短时间内提高企业的业绩和利润。

1. 价值创造决定价值分配

华为总裁任正非曾说："我不懂技术，也不懂营销，只是分钱比较公道罢了。"华为今天所取得的成就有目共睹，而它之所以能取得这样的成就，与其成功地解决员工的价值创造和价值分配问题紧密相关。华为的价值链管理体系由三方面组成，即价值创造、价值评价和价值分配，其中价值创造和价值评价是价值分配的两个前提，而价值创造决定了价值分配。价值链管理系统是华为人最引以为傲的管理体系之一，也是华为人力资源管理系统中最关键、最核心、最具价值的内容之一。

图5-1　以奋斗者为本的绩效与激励项目逻辑图

"以奋斗者为本"的人力资源价值链管理系统是华为帮助企业公司成功实践的一套创造了巨大的商业成功的人力资源系统。它是一套通过价值创造、价值评价和价值分配模块来进行合理的、客户导向的人力资源管理系统。目的只有一个，那就是让更多的"奋斗者"继续为组织创造价值。

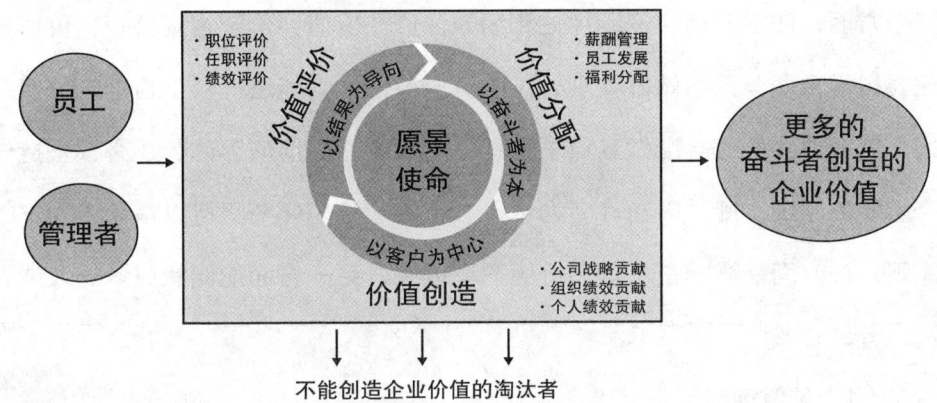

华为价值链管理体系包括三个方面的内容：以客户为中心的价值创造，以结果为导向的价值评价，以奋斗者为本的价值分配。

价值创造中的"价值"指的是员工为企业客户创造的价值，而不是单纯指员工自身的价值或员工为企业创造的价值。企业只有为客户创造了价值才能获得利润，因此企业招聘员工的目的归根结底是为客户服务的，也是为客户创造价值的。对企业来说，员工自身的价值和员工为企业创造的价值都围绕着为客户创造价值而有所体现。因此，价值创造要始终"以客户为中心"，全心全意为客户创造价值。当员工能为客户创造价值时才会有绩效，企业才会有利润。员工为客户创造的价值越高，绩效也会越高，公司的利润也会随之增高，员工的工资也会水涨船高。

公司在获利后需要将一部分利润分给员工，因此就要进行价值分配。但价值分配要有依据，而价值评价就是这个依据。这就要求在为员工分配价值之前要先对他们的业绩进行客观、公正的评价。如何实现价值评价的客观公正呢？华为的做法是：在进行价值评价时要坚持"以结果为导向"。

华为的评价体系的特点是全面而立体的，其价值评价的内容主要分为三个方面：任职资格、任职评估和绩效评价。价值评价要客观公正，价值分配要科学合理，只有做好客观公正的价值评估，才能进行科学合理的价值分配。然而要使价值分配做到科学合理，不仅要做好价值评估，还必须坚持一个重要的原则，即"以奋斗者为本"。在价值分配环节坚持以奋斗者为本的原则，一方面能激起奋斗创造价值的积极性，另一方面能促使更多的人成为奋斗者。

（1）价值创造

在华为，保障价值创造的工作是做好绩效管理。华为的绩效管理共有三个层次：公司战略目标管理、组织绩效管理和员工绩效管理。

尽管有许多公司也宣称在做"绩效管理"，但实际上它们进行的工作是"绩效考核"，并非真正意义上的"绩效管理"。那么两者究竟有什么区别呢？绩效考核和绩效管理的性质不同，目的也不同。前者是一个管理动作，后者是一个管理过程；前者的目的是对员工和部门实行分类和考核，后者的目的是集中员工和各部门的力量，共同完成公司的战略目标，最终实现个人、部门、公司的共同成长。绩效考核侧重在价值分配中完成的工作，它的工作目标是合理分配员工的绩效工资和奖金，绩效考核的工作目标完不成，员工的"绩效工资"就会减少。因此,它是一种"负向激励"的方式。而绩效管理的焦点在于价值创造,它的工作目标不仅是实现公司的战略目标,也是实现个人的成长。管理者需要领导员工不断挑战卓越目标,实现员工和公司的整体成长。因此,绩效管理是一种"正向激励"的方式。

2001年,华为引进了个人业务承诺计划(PBC),开始尝试进行绩效管理。2009年,华为通过绩效管理变革在一年半的时间内实现了绩效管理的升级。

华为绩效管理的主要目的是集中员工和各部门的力量共同完成公司的战略目标,实现个人与公司的共同成长,该管理分为四大步骤:

第一步,绩效目标制定。

第二步,绩效辅导与执行。

第三步,绩效评价。

第四步,绩效沟通反馈。

华为的部门主管在进行绩效管理时,主要精力会集中在绩效目标制定、绩效辅导与执行上,这两大步骤大约花费他们90%的时间。实现组织目标是华为管理层始终不变的焦点,而这也是华为绩效管理的真正精髓所在。不仅如此,在华为看来,只做好绩效管理是不够的,还必须将它与日常工作结合起来,为此就需要做到"三个平时":做好平时的沟通、做好平时的记录和做好平时的评价。同时还要坚持绩效管理的基本原则:双向沟通,激发潜能。

(2)价值评价

早在20世纪90年代,华为就从英国引进了任职资格体系,该体系也是价值评价体系三大主要内容之一。在推行任职资格体系时,华为没有在一开始就全面实行，而是先拿"秘书体系"进行试点推行。但是，当时华为还没有引进职位评估方法，单纯的任职资格体系阻碍了华为的成长，华为经过好几年的调整才走出这个大坑。单纯以任职资格标准作为工资分配标准是毫无意义的，华为需要分职位种类，其中还包括分职位大类、小类，此外还要分级别。华为花费了大量的人力、物力和财力都没有真正完成这项工作，原因就在于它们的分界线非常难确定。

员工是否具有任职资格归根结底还是要看员工的绩效，员工的绩效高可以证明他们的能力强或具备任职资格，这是实际认证中必不可少的依据。正是因为看透了这一点，华为才将任职资格标准体系的主体放在了员工的绩效贡献上。

实际上，仅靠任职资格体系和绩效评价体系还实现不了华为的价值评价。后来华为又从合益咨询公司（HAY）引进了另外一种体系，即职位评估体系。但是，引进这一体系后，任职资格体系便与新体系产生了冲突。幸运的是，后来任职资格体系和职位评估体系达成了和解。华为将这两种体系相融合，先以任职资格体系进行任职资格评定，再紧跟职位HAY等级，最终形成了一种更为科学的工资标准体系。而这一体系所遵循的薪酬管理方针可概括为16个字：以岗定级，以级定薪，人岗匹配，易岗易薪。

（3）价值分配

绩效结果是华为员工价值分配的依据。例如华为员工的绩效结果可评为A、B、C、D四个等级，如果员工得了A，那么他就能凭借这一结果获得任职和晋升的机会，同时他也能因此获得更高的奖金和更高的股票分配比例。但是，倘若员工的绩效结果被评为C或D，那就既没有升职机会，也没有奖金。

显然，这种价值分配的机制是围绕"以奋斗者为本"的原则设计并实行的。这种分配方式的优势在于它可以使优秀的员工获得更多的回报，同时又能激励那些能力较弱的员工加油追赶，最大限度地调动员工的积极性。评分为A的员工可以带着团队一起进步，评分为B的员工会向A看齐，并努力学习以实现超越，而那些不愿努力的员工也会因为报酬低和无晋升机会等原因主动离开公司。

华为价值链管理系统的成功体现在它的完整性和循环性上，也就是说它是一套完整的体系，不存在环节缺失影响整体局势的情况，而且真正实现了良性循环。价值创造决定了价值分配，但也要做好价值评价，客观、公正的评价才能使企业更加科学、合理地进行价值分配。实现了价值分配的科学、合理，才能够让员工获得积极性。员工充满了动力，自然能为企业和客户创造更大的价值。凭借这样的价值链管理系统，华为实现了价值链的正向循环，也实现了企业的稳定、快速发展。

2.华为战略解码的意义

对于企业来说，特别是对大型企业来说，在进行企业战略规划时往往会存在以下问题：领导层对企业战略规划的认知不够清晰，意见难以统一；资源配置不合理，部门之间协作不到位，导致资源的严重浪费；在制定战略规划时没有业务策略，也没有具体的行动计划作为支撑；无法对经营预算进行有效的因果分析；绩效管理和激励管理过于形式化，在实践战略规划时没有有效的过程管理机制作为支撑；团队缺乏有效的沟通，没有过程管理的有效方法。

而华为战略解码的意义就在于它能将企业的战略能力和组织能力转变成企业可持续发展的动力。或者说，当战略能力和组织能力相辅相成时，企业便能获得可持续发展。

战略执行能力是企业发展的根本，缺少这种能力，企业就会面临被淘汰的危机。因此强化这种能力就成了每个企业必须重视的工作。企业能制定出科学、合理的战略是第一步，如何将这一战略落实到组织和个人是第二步。如果企业的每一位员工都能在日常工作中向着企业战略的方向发力，那么该企业一定不会差到哪里去，至少它是一个能站得住脚、经得住考验、不会轻易被淘汰的企业。除了战略执行能力，企业还需具备良好的组织能力，只有不断提升这种能力，才能调动员工的积极性，也才能促使员工不断地去创新。

华为战略解码的意义在于它不仅能帮助企业理清和衡量战略，同时还能帮助企业卓有成效地执行战略。如果一个企业的上层领导和中高层管理者不能对企业战略达成共识，那么该企业将很难在决策和管理方面取得突出业绩。不仅如此，这种弊端还会影响到具体的执行者，使他们无法理解企业的发展方向，不明白领导的指示意图，这样一来，就会影响企业基层的工作，而基层工作做不好势必会影响价值创造，进而也就会影响企业盈利。只有营造一种"上下同心"的氛围，才能实现"其利断金"的伟业。企业的运营同样如此。

好钢要用在刀刃上。因此，在实现战略的过程中，企业要努力寻找到关键突破口，将资源合理优化配置，尽可能地发挥每个资源的最大价值。在设计战略地图时，企业要明确企业定位、品牌定位、战略定位以及客户的价值意图，做到"以客户为中心"进行价值创造。与此同时，企业还要使员工全面了解公司的战略，让员工把企业战略融入日常工作中，促使各部门和各员工同心同力地为战略服务，并高效地执行战略。

华为之所以能在连续十几年的战略中实现零失误，正是得益于其引进的BLM业务领先模型。在这一世界级管理体系的帮助下，华为在借鉴以往成功经验的基础上使领导层在企业战略层面达成了普遍共识，而这也是其迅猛发展的真正原因。

战略解码为华为解决了许多难以解决的问题，例如战略解码能够帮助华为领导者分清职责边界，使华为在确定关键业绩目标时始终围绕企业战略来实行，同时还帮助华为以战略目标来引导企业绩效管理，极大地保障了企业战略实施中的管理工作。总之，战略解码促使华为营造了"上下一心，力出一孔"的办公氛围，使华为各部门及员工"心朝一处想，力往一处使"，共同为企业战略目标的实现尽心尽力。

华为战略解码不仅强化了管理层对企业战略的理解，也提升了他们对企业战略的整体把握。在此基础上，华为就能根据企业的战略意图来规划各部门的工作方向，并为各成员制定相应的重点任务。这样一来，华为实现了上下同心同力，企业获得良好的发展自然也在情理之中。

华为每年都会召开战略解码会议。而这一会议的成果主要基于两个方面：一方面是对企业战略重点的分析，另一方面是拟定行动计划。而真正起关键作用的是对部门及个人的责任落实。将责任落实到各部门，甚至落实到具体员工和主管等不同的个人身上，可以有效地保障他们工作的积极性。另外，会议上输出的战略地图可以清晰地用于各层级之间的沟通，这样就能使各方达成统一意见，同时明确工作的优先级。这些工具和方法可以促进个人乃至部门创造高绩效，也能促使企业形成良好的文化。

华为战略解码能帮助企业洞察市场并根据市场环境做出正确判断，也能让领导者学会从源头分析和解决问题，做到清晰经营。在资源分配方面，它能引导企业合理配置资源，将优秀的资源用在真正重要的地方。战略解码使华为做到了"有所为"和"有所不为"，这同样也是华为的制胜秘诀之一。

构建战略地图是华为战略解码的重点内容，其作用是帮助战略解码输出成果。而其输出的成果可分为四个方面：

第一，使企业上下达成战略共识。具体来说就是使企业实现战略、语言和方法的全方面统一，使企业上下可以在战略层面达成高度共识。

第二，输出战略地图。在这一输出环节，企业要组织全体高管分析和指导企业战略地图的输出和交付。具体的做法是组织高管参与诸如市场定位及划分分析、竞争策略分析、部门现状分析等多个层面的探讨活动。

第三，输出平衡计分卡。组织企业高管分析、讨论、总结输出公司战略目标集，包括对财务设定经营目标、对客户设定经营目标、对公司内部流程设定经营目标、对员工和主管等个人的学习成长设定经营目标等，实现企业的可持续发展。

第四，输出关键战略主题。组织企业高管分析并讨论出对企业起关键作用的"十大战略主题"及其战略突破口。需要注意的是，在分析和讨论时要基于战略地图的描绘进行科学、合理的战略输出。

华为的战略解码研讨会一般需要3天时间，研讨会将通过顾问引导、有趣的活动和研讨工具等来调动与会成员的积极性，充分提高企业领导和各部门主管的战略理解能力，同时在经过一系列的分析、讨论和总结后提升企业管理层对企业战略的理解，从而使他们对企业战略达成高度的共识。在各领导和管理层都能明确企业的核心价值目标后，再引导他们共同设计和梳理战略路径地图，高效、高质地实现公司的战略目标。

3. 华为的PBC个人绩效管理

华为拥有一流的绩效管理机制，而其中最有名的个人绩效管理方法是个人业绩承诺（PBC）。实际上，个人业绩承诺是华为花重金从美国IBM公司引进的一种绩效管理方法。在IBM的绩效管理方法的基础上，华为加入了自己的一些东西，通过进一步改良形成了现在具有华为特色的个人绩效管理方法。

凡是在华为工作的人都应该了解华为的特点。华为与别的公司不同，它就像是一个军营，里面的员工仿佛一个个执行力极强的士兵。所有华为招聘的新员工都必须接受岗前培训，在培训中，华为人十分注重规范新员工的行为。行为化一是华为新员工入职的基本标准。只要是华为的员工都必须高度认同华为的文化。不能规范自身行为，无法与其他员工在行为上保持一致，无法认同华为文化的人是不能为华为工作的，也是不受华为欢迎的。

在华为成就的贡献榜上，PBC管理的地位举足轻重。华为之所以能取得今天的成绩，很大程度上都取决于PBC管理的贡献。华为的PBC个人绩效管理究竟有何与众不同，又为何会发挥如此大的作用呢？

其实所谓的PBC就是指个人业绩承诺，华为的PBC坚持以下四个原则：

（1）用责任和重点工作作为员工行为的导向

很多企业都希望员工能为公司做更多的事，但华为并不单纯这样希望，它更希望员工能为企业做正确的事。考核员工的目的不是扣减薪酬，而是要引导他们做正确的事，调动他们提高绩效的积极性。出发点不同，结果大不一样。

（2）保证个人目标与组织目标相一致

华为总裁任正非说："不能为了局部的改善而牺牲全部的流程。"这也是华为一直坚持的变革管理"七个坚决反对"中的一条。个人绩效管理的目的是让局部与公司的全流程保持一致，因此，不能为了个人或局部的高效而影响公司的整个流程。

（3）客观、公正

华为在考核员工绩效时会始终依据具体数据和事实说话，评估绩效结果时绝不会搞所谓的"人情分"，一切以事实为准，一切以数据为准，做到客观、公正。华为的考核不是360度考核，也不去搞根据不明的"德能勤绩廉"那一套，其员工考核只有客观事实和客观数据这两个标准。无论华为的领导层如何轮换，员工的绩效都不会受到影响，每位新领导在上任之前都会继续做前一位领导遗留的事情，华为不允许领导者以自身喜好为依据来考核员工的绩效。

（4）分层分类

华为的PBC绩效管理需要先将目标设定好，再将目标有效分解，最后形成员工的书面承诺。而要实现这一分解过程就需要进行科学合理的分层、分类。从每年10月到第二年的2月，华为会对企业分层做战略解码。在战略解码时，华为不仅会输出战略目标，还会输出战略指标集，之后在2月至4月完成企业全员的PBC签署。因此，从一年的10月到次年的4月，华为只坚持干一件事，即设定并分解目标，使员工形成书面承诺。

既然华为的PBC管理如此优秀，那么它的具体流程是怎样的呢？总的来说，华为的PBC灌流流程可分为七步来实行。

第一步，设置目标

设置目标时需要遵循PBC管理的四个原则，华为个人绩效管理的基石就是做好目标设置。

第二步，绩效辅导

绩效辅导是一个动态管理的过程，华为每隔一段时间就会回顾一下重点工作的进度，并根据这些工作进度来对员工做绩效辅导。绩效辅导是一种在管理者和员工之间开展的双向过程，这一过程可以随时展开和进行，其本质在于让管理者和员工之间共享知识和经验，以帮助员工挖掘自身潜力，同时与组织达成一致目标。如果领导者能以员工为基石不断复制自己，那么公司和部门便不愁没有接班人了。如果每个领导都能复制自己，那么组织不获得提升都是一件非常困难的事情。绩效辅导的实质不是因考核而对员工做过程检查，而是以知识和经验来促进员工的成长。

第三步，刷新PBC

华为绝不追求一成不变的指标。一旦指标落后或环境发生变化，华为就会及时去调整对应的指标。华为在调整目标时绝不随意，只要决定调整目标，就会有依据地去调整，更要将这种调整追溯到目标分解上来。同时，华为在调整目标后会有独立的部门对新目标进行重新审核。华为不会因为完不成目标而把指标降低，也不会在年末才开始调整指标。总之，华为始终坚持有依据地及时调整目标。

第四步，记录关键事件

华为在分享好经验方面做得尤为出色。企业的战略目标在实施过程中往往会形成一些关键事件，这些关键事件有好有坏，会对企业的发展造成非常大的影响，其中积累的经验对企业来说更是难能可贵，而充分分享这些好经验是华为一直坚持做的事。华为的人力资源团队会大力宣传那些优秀的经验，争取做到全公司人尽皆知。其人力资源部门在招聘人才时也会坚持选择有开放心态的人，因为这样更有利于优秀经验的传播。

第五步，绩效评价

绩效评价是华为PBC个人绩效管理中的关键一步，员工的绩效评价主要分为三个部分：个人自评、主管评价和集体评价。华为的每一位管理者都要定期向领导者进行述职，而每一位员工同样也需要向自己的上级进行述职。述职工作做得好，往往可以使员工更加明确组织目标和个人目标。员工的目标明确，工作就会做得有条有理，这样便很容易提高个人工作的质量和效率。华为内部已经形成了人人"有目标、有压力、要考核、要汇报"的机制，每一个员工都需要借助这样的机制来开展工作和实现自身价值，不存在脱离这种机制而工作的华为人。

第六步，结果反馈

反馈工作结果是华为个人管理机制中不可或缺的环节。员工需要定期向领导进行工作结果反馈。在反馈工作结果时，员工要与管理者进行面对面的交谈。通过结果反馈，管理者可以比较直观地了解员工的工作进度和工作质量。如果员工的工作做得不够好，或者员工在工作中常碰到各种问题和阻碍，管理者就需要考虑将该员工纳入绩效改进计划中。管理者在听取结果反馈后一定要有所作为，不能任由人力资源部门炒掉自己辛苦培养的员工。

第七步，考核申诉

这一步很容易理解，即员工有权利在被考核之后针对自己认为有问题或不满意的考核结果向考核部门提起申诉，并以此来维护自身的权益。

华为PBC的内容主要分为三个部分：个人目标承诺、人员管理目标承诺和个人能力提升目标。

其中，个人目标承诺又可分为以下三个方面：

（1）个人业务目标承诺

员工或主管要根据个人所从事的业务去做对应的业务目标承诺，例如，如果一位员工从事的是市场业务，他就需要承诺实现对应的市场目标，具体可能承诺客户覆盖率、客户管理指标等。

（2）个人重点聚焦项目

如果一个主管要负责一个价值几亿美元的重点交付项目，那么他就有可能在接下来的一年或几年内只专注于这一个项目。而这个项目的情况就可能成为该主管管理工作的核心绩效指标。

（3）年度组织建设和管理改进目标

对华为管理层来说，管理工作不是一蹴而就的，而是需要花费大量时间经营的。在管理层面，特别是人力资源管理，往往需要管理者花费大量的时间和精力才能完成从制度设计到制度落地的全部工作。在大型企业中，这个过程少则几年，多则十几年。

一直以来，华为总是强调可持续性发展，在管理方面也同样如此。华为注重可持续性的管理工作，因此它不需要昙花一现式的"先进"管理思想，而只需要那些真正先进的管理思想，这些管理思想能够固化到管理者的日常行为中，并能不断加强。

　　华为个人目标承诺中的第二部分内容是人员管理目标承诺。该承诺针对的是华为的管理者。在接受组织的挑战后，华为的管理者会根据挑战内容来设定人员管理目标，并向组织签署人员管理目标承诺。一般来说，管理者设定的人员管理目标主要包括人才的培养和引进、知识的建设和共享等。

　　华为个人目标承诺中的第三部分内容是个人能力提升目标。在这个环节，华为的员工需要利用个人业绩承诺的方式将自己的成长目标罗列出来。近几年，华为致力于推进员工国际化，意在将员工提升为更符合国际化标准、可流畅处理国际业务的综合素质人才。因此，华为要求每一位员工考托业，并且考试分数超过600分才算达标。另外，华为还鼓励员工学习英语，并将学英语列为个人提升的目标。华为的这些做法极大地提升了员工的综合素质，使他们能够在良好的学习和工作环境中快速地提升自我。

4.华为人如何升职和加薪

　　华为人的升职和加薪属于价值分配的内容，是基于个人业绩承诺考核展开的。要了解华为人如何升职和加薪，首先要了解华为员工个人业绩承诺的考核周期与等级。刚开始，华为与其他公司一样，对员工的考核采取月度考核的方式，也就是说，华为原先的考核周期是一个月。后来，出于长期发展的考虑，华为员工的考核周期几经变更，从原来的月度考核变成季度考核，从季度考核变成半年度考核，最后变成年度考核。可以看出，华为对员工的考核周期是不断拉长的，华为更希望在一个相对较长的时间内对员工完成目标的过程和结果进行度量，时间越长，考核的准确度自然也越高，同时也能避免员工疲于考核以及企业过多地将精力浪费在员工考核上。

月度考核和季度考核的时间较短，员工做的许多工作还没有结果，因此以月度或季度为周期对员工进行考核是不符合华为要求的。适度地延长员工的考核周期，一方面能减少考核部门的工作量，另一方面也能保障员工将精力集中在工作上，而不是考核结果上。

在华为，职能越高、等级越高的管理者，考核周期越长，通常来说，绝大多数领导者的考核周期都是以年为单位的。而中层和基层员工的考核周期相对较短，考核的次数也相对较多，一般来说，他们一年内至少要接受两次考核，一次是半年度考核，另一次是年度考核。另外，华为还有一种中间过程考核，这种考核也被称为"季度回顾"。

华为强调员工的工作结果输出，但要如何来衡量呢？在对员工进行考核时，一般公司的做法是按照满分100分、及格60分的打分制对员工进行绩效评价。但是，这个打分制有一个弊端，即绩效评价的最终结果很可能集中在60~100分之间，很难从表面区分员工的绩效属于什么层次。华为的绩效评价没有采用打分制，而是采用等级制，根据员工的绩效为他们评定出等级，这是华为评价体系的一大特色。

华为给员工的绩效结果设置了5个等级，分别是A、B+、B、C和D。这些等级有着清楚的定义，同时每隔一段时间华为的绩效管理结果都会进行刷新，这也是其绩效管理最大的亮点。

华为员工绩效等级的具体定义如下：

等级A：杰出贡献者

很多企业在做绩效考核时往往会将分数排名前10%的员工评定为杰出贡献者或优秀贡献者，而分数排名前10%的员工能获得华为评定的A级吗？答案是否定的。因为华为认为高位排名只是相对的，没有绝对的意义，把它作为评判等级的标准是不够准确的。

华为对"杰出"的理解与其他公司不同，对华为来说，杰出的精准定义不是指排名靠前的人，而是指那些真正为企业做出超越本职业绩的"杰出贡献者"。"杰出贡献者"必定是那些为企业承担更多职责，同时超越岗位层级期望，做出更多绩效并取得杰出成果的企业模范。如果传统意义上的杰出是做到100分的话，那么华为的"杰出贡献者"至少要做到超过100分。

在华为，不同的岗位层级的绩效目标是不同的，华为会根据员工的职责来定绩效目标。越是优秀的人，他的评分数据和个人业绩承诺指标就越会超出预期。当然，超出预期的评分数据和KPI指标也正是优秀A级人才的身份证明。

等级B+：优秀贡献者

华为将能够达到组织期望，并时常能超出组织期望，做出超越期望业绩的人称为优秀贡献者。优秀贡献者的评级为B+。华为曾经以持续30%的增长率发展，这种成长速度是一般企业无法做到的，其之所以能如此迅猛地发展，最关键的驱动因素就是绩效。华为的员工要想达到优秀就必须努力向前冲，冲力越大，动力越大。对华为的业务来说，员工的绩效就是它的推动力。

等级B：扎实贡献者

扎实贡献者是指那些能够达到组织期望并按时完成工作目标的人。在华为，B级是个分水岭，它区分了那些能够达到组织期望和不能达到组织期望的员工。B级以上是能达到组织期望的人，B级之下是不能达到组织期望的人。

等级C和D：较低贡献者

较低贡献者是不能完成组织目标的人，华为根据这类人目标完成的差异，将他们评级为C或D。

那么，华为如何应用员工PBC考核的结果呢？实际上，这一考核结果直接与薪资和升职挂钩。主要体现在两方面：

首先，PBC考核结果决定了华为员工薪酬的多少。

对于等级为C和D的较低贡献者，华为是不会给他们涨薪的，更不会给他们发放奖金。华为员工的工资差距主要体现在奖金上，如果某位员工没有奖金只拿基本工资的话，那么他的薪资水平与有奖金员工的薪资水平之间的差距往往非常大。在同级别的岗位上，有奖金的员工年均薪资可能是50万，而没有奖金的员工可能年均薪资只有10万。与此同时，较低贡献者是无法获得华为配股的，可以说，华为的一切福利都与较低贡献者无关。

没有哪一位华为的管理者敢挑战这一规则，因为这采用的是一票否决制，它是华为所有人达成的普遍共识，更是华为企业文化的一部分。华为允许员工在考评过程中提意见，但是也要求员工尊重绩效考核结果和考评结果的应用。

A级杰出贡献者、B+级优秀贡献者和B级扎实贡献者都有调整工资和获取奖金的机会。同时，A级杰出贡献者在华为拥有一定的配股，而B+级优秀贡献者和B级扎实贡献者可视情况获得华为的配股。

2010年，华为总裁曾提出要为绩效好的员工加大配股力度。因此，华为同一个部门的员工实际收入差距可能非常大。那些真正有能力且绩效出色的员工往往能够获得大量的经济报酬，而这主要得益于华为绩效考核的魔力。

其次，华为的绩效评价等级是员工升职的重要参考依据。

华为的A级员工可以优先获得晋升资格和成长机会。一般来说，每两年华为就会在职位方面有一次较大调整，两年升级已经成为华为的惯例。在华为公司，职位越高，晋升比例越低，员工的职业成长虽然不容易，但绝非没有通道。提高个人绩效评价等级就是最实际、最有效的路径。

华为员工的工作就是踏踏实实把公司定的指标超额完成，因此华为的员工之间不存在"跑关系"一说，他们的关系都十分简单。员工不用担心组织上看不到自己的努力和成绩，因为不管是目标设定还是员工工作的完成情况都是公开、透明的。

相比于A级员工，B+级和B级员工晋升机会相对靠后，但同样有机会晋升。只有C级和D级员工是不用考虑的，因为他们的绩效是不能达到晋升条件的。

华为每年会对干部进行胜任考察，干部淘汰率为10%，因此华为干部的压力都较大。如果某一干部的绩效排名在倒数10%的范围内，那么该干部必定会被免职。

许多公司的内部调动只是岗位的变更，但是华为的员工在某个岗位做不好是无法调动的，只有那些绩效好的员工才能调动。华为员工的任职资格、内部调动、职位晋升等都是以其绩效为依据的，也就是说员工的发展都与绩效评价的结果挂钩，这一规则对所有人都不例外。

绩效决定了华为员工的发展和成长，因此员工需要考虑的是如何把工作做好、如何做得更优秀、如何做得更卓越，如果员工能做到这些，那么他的结果一定是好的。这就是华为清晰、透明的企业文化，也就是我们一直探讨的绩效文化。它不仅解决了华为员工的出路问题，还解除了他们的后顾之忧。

华为的整体流程是一个合理的闭环系统，在系统中所有的过程跟进都有对应的依据，而所有的刚性结果都可以随时使用。这就是华为绩效管理的优秀法门。

第六章　华为把控战略机会点的核心要素

任正非说：

当发现一个战略机会点，我们可以千军万马压上去，后发式追赶，你们要敢于用投资的方式，而不仅仅是以人力的方式把资源堆上去，这就是和小公司创新不一样的地方。（任正非：《用乌龟精神，追上龙飞船》，2013）

要舍得打炮弹，用现代化的方法做现代化的东西，抢占制高点。我们现在打仗要重视武器，要用武器打仗。以前因为穷，所以我们强调自力更生，强调一次投片成功，强调自己开发测试工具，现在看来都是落后的方法。我们要用最先进的工具做最先进的产品，要敢于投入。把天下打下来，就可以赚更多的钱。我们要舍得打炮弹，把山头打下来，下面的矿藏都是你的了。在功放上要敢于用陶瓷芯片，要敢于投资，为未来做准备。（任正非：《最好的防御就是进攻》，2013）

我们在战略上要学会舍弃，只有舍弃才会战胜。当我们发起攻击的时候，发觉这个地方很难攻克，而我只需要把队伍调整到能攻克的地方去，占领世界的一部分，不要占领全世界。胶着在那儿，可能错失一些未来可以拥有的战略机会。以大地区为主的同时合理舍弃，未来的3至5年，可能就是分配这个世界的最佳时期，这时候我们强调一定要聚焦，要抢占大数据的战略制高点。占住这个制高点，别人将来想攻下来就难了，我们也就有了明天。（任正非：《在企业业务座谈会上的讲话》，2014）

战略机会点是战略管理中的关键要素，也是企业实现可持续发展的突破口。作为企业可持续发展的核心输入，战略机会点是每个企业都应该重视的部分。今天的企业家们对行业和业务的理解已经足够深刻，对他们来说，发现战略机会点并非难事，真正的难点在于如何抓住战略机会点并把战略机会点变成企业利润。这也是我们解码华为管理体系的目的所在。

不同的企业，战略机会点是不同的。对华为来说，战略机会点的核心要素共有五个：一是要有一片市场，二是要在战略上达成共识，三是要有管理体系，四是要有强大的团队组织能力，五是要有战略控制点。把控这些核心要素，就等于把控战略机会点，企业的成功便指日可待。

1. 一定要有一片市场

华为一直致力于寻找足够大的战略机会点，以实现自身的可持续发展。而对整个华为来说，真正庞大的战略机会点不是别的，正是海量的市场。对华为来说，市场足够大、足够多，战略机会点自然也会足够大、足够多。例如无线市场、固网市场、云计算市场等都是足够大的市场，这些市场动辄几千亿美金，甚至有些达到上万亿美金。

如果"蛋糕"足够大，即使企业分得很小的份额，也依然能够"吃得饱"。华为深知这个道理，因此开拓一个足够大的市场就是其战略机会点之一。只有面对一个足够大的市场，华为才能发挥出更大的战略规划价值。

华为把握战略机会点的核心要素之一是市场。的确，对于任何一个企业来说，没有市场便没有发挥价值的余地；没有市场，无论多么好的产品和服务都无法销售出去。

近年来，华为不仅注重开发国内市场，也热衷于开发国外市场。随着产业逐渐走向国际化，华为在开拓欧洲市场方面取得了较大成绩。众所周知，欧洲是发达国家的聚集地，地区经济水平较高，市场额度较大，这正符合了华为所追求的"足够大的市场"条件。

电信业是华为致力发展的战略技术行业，该行业市场的门槛较高，没有足够实力的企业一般很难进入。然而，华为却能在欧洲电信市场开拓出一片天地。在短短几年内，华为在欧洲市场不仅成功跻身于一流电信商之列，还在专利数量上领跑行业对手。与此同时，华为还积极与欧洲当地电信运营商进行创新性合作，其在欧洲的表现和作用不禁令欧洲的竞争对手刮目相看。一时间，其市场战略实践也被奉为欧洲市场中的实践典范。

那么，华为是通过什么秘诀击败欧洲本地的强劲对手而让西方客户最终选择华为的产品和服务呢？实际上，华为成功的真正秘诀在于创新的市场战略。华为深知要想在欧洲电信行业立足，一定要在欧洲开辟出一片市场。为了把握这一战略机会点，华为采取了以下市场战略：

（1）向客户提供符合他们需求的、具有资源限制的定制技术

简单来说，就是华为向欧洲客户提供的不仅是符合客户需求的技术，还是能满足他们的特殊喜好、为他们量身定制的技术。更难得的是，这种定制技术资源稀少，供不应求，是市场所欢迎的。

华为在攻占欧洲市场的过程中，第一个突破口是赢得与泰尔弗公司合作的机会。泰尔弗公司的总部设在阿姆斯特丹，是当地实力较强的移动电信服务商之一。

作为华为在欧洲赢得的首位重要合作伙伴，泰尔弗公司虽然不像沃达丰和法国电信那样具备强大的财务实力，但泰尔弗拥有足够的商业野心，它希望能取得与阿尔卡特—朗讯、爱立信等欧洲知名的电信供应商同等的行业地位。由于这个原因，泰尔弗愿意将筹码压在华为的产品和服务上。而华为在与泰尔弗的合作中表现出了中国企业特有的谦和态度，一方面耐心听取对方的要求，另一方面也极力为尚未得到满足的需求寻找解决方案。

此后，华为与泰尔弗展开了密切的合作，在合作期间，华为创新性地开发出一种新的分布式基站，这种基站比传统基站的成本更低，而且运行耗能更少。除了在产品上实现创新外，华为还在服务上打破业界常规。按照欧洲业界的常规，企业只会在周一到周五的正常工作时间为顾客提供服务，而华为却承诺在周末休息日也为顾客提供24小时服务。

（2）加强合作与创新，打造客户忠诚度

一直以来，华为都坚持"以客户为中心"的价值创造，但是随着华为的发展、壮大，仅凭这一战略无法使华为走得更远。由于欧洲客户对华为及其产品不够了解，在华为进入欧洲市场之初，一些欧洲客户难免对华为这一国外企业存有偏见，认为其产品远不及其竞争对手的产品。华为曾花费大量精力和时间去消除欧洲客户的这种看法。

最开始的做法是淡化自身的"廉价"形象，华为曾被欧洲人称为"最廉价的供应商"。为了扭转这一形象，华为主要做了两点工作：第一是向欧洲客户提供具有竞争力的产品和服务价格。第二是大力提升技术人员快速设计和实施智能方案的能力。

华为在欧洲发展时成功地与实力雄厚的沃达丰公司签约，当时作为全球最大的移动电信商之一，沃达丰公司正准备攻占西班牙电信市场。华为能与其合作的原因主要有两点：一是华为的报价低廉，二是华为的执行力和执行速度比同类企业更高一筹。

长期以来，华为致力于在全球建立"联合创新中心"。目前，在全球范围内，华为已经建立了34个联合创新中心。华为建立这些联合创新中心的目的在于消除部分长期不确定因素，为维护和管理客户关系、客户与供应商关系以及供应商与供应商关系提供稳定的合作环境。

在处理项目方面，华为联合创新中心不会贪多，只会一次聚焦在一个项目或问题上。华为会主动派出代表与各大电信运营商的代表共同探讨问题并研究问题的解决方案。

爱立信公司对华为建立联合创新中心的做法给予了高度评价，其中一位高管这样评价道："联合创新中心的建立让我们不得不对华为刮目相看，我们看到了一个行业追随者一跃成为领导者的华丽变身。"（《商业评论》2017年5月号）

（3）全方位争取利益相关方的支持

华为创新策略的成功还在于其全方位争取利益相关方的支持。华为在开拓欧洲市场的过程中曾极力争取当地政府、有实力的企业、大学、科研机构等多方位利益相关者的支持。在进入一个陌生市场之前，很多跨国公司都会提前做好以下工作，比如为当地援建生产设施；聘用当地员工，特别是一些人脉发达的当地代表；在当地做好政府公关等。华为除了做好这些工作外，还付出了比其他跨国公司更多的努力。例如为了争取欧洲各国的信任，使华为成为它们眼中值得合作的商业伙伴，华为在全球经济危机期间仍然坚持向欧洲的研发事业进行较高水平的投资，并且还大力支持当地主要的创新项目。另外，早在2013年，华为在五年计划中就曾承诺：2019年之前，将在欧洲范围内新增5500个工作岗位，增加欧洲员工数量50%以上。

2.心朝一处想，力才能向一处使

在华为的企业战略中，"达成共识"是一个非常重要的核心因素。时至今日，中国的企业高管们对行业、业务的理解已经足够深刻，因此，让他们去发现战略机会点基本没有难度，而对他们来说，真正富有挑战的是如何将战略机会点变成销售额和利润。

实际上，在将战略机会点变成销售额和利润的过程中，使企业上下达成共识是必须要有的环节。

那么华为在"达成共识"方面又是如何做的呢？

华为所理解和实行的"达成共识"主要有两层含义：

（1）管理高层内部达成共识

管理高层是企业的核心管理团队，如果核心管理团队无法在重大战略上达成共识，那么企业就不会投入大量的人力、物力和财力去完成对应的工作。也就是说，高层无法达成共识的战略是不会落地实施的。让高层在重大战略上达成共识并不是一件容易的事情，许多企业都很难做到这一点，即使是华为也需要花费大量的时间、利用各种方法来使管理高层内部达成战略共识。

（2）管理高层和管理中层就战略规划和战略目标达成共识

相比于第一个"达成共识"，这个"达成共识"是更加困难的。一些企业的战略规划做得很好，未来三年或五年的战略方向、发展目标和主要业务领域都分条列项说得非常清楚，但是再让管理中层落实这些任务时往往就会出现很多问题。而这主要是因为管理高层和管理中层没有在战略规划和战略目标等方面达成共识。

华为推崇的"达成共识"是要让企业上下目标一致。要使企业就战略目标达成共识，就需要让企业上下明确这一目标究竟是什么。员工如果能明确企业目标，就能将自己的注意力高度集中起来，同时明确事情的轻重缓急并做出明智的决定，这样可以极大地提高工作效率。

华为之所以能在战略方面长期做到零失误，与其设定战略目标的标准密切相关。华为在设定任何一个目标时都会以SMART标准来设定。

SMART标准包含五个部分，分别是Specific、Measurable、Attainable、Relevant、Time-based，中文解释是具体明确、可度量、可实现、相关性和时间限定。

（1）具体明确（Specific）

"具体明确"就是要用具体的语言将所要达成的目标描述清楚。华为的高效精英都能明确战略目标和本身的业务目标，明确目标是他们高效工作的保证。工作没有效率的员工往往是那些目标不明确或者目标没有具体化的员工。

例如某一企业给后端服务人员设定的目标是"增强客户意识"，显然，这是一个十分不明确的描述。因此，这一企业的后端服务人员只能笼统地理解这个目标，而他们的理解有可能与领导层和管理层的理解是完全不同的。相反，华为只会给员工设定具体明确的目标。出于同一目的，华为为员工设定的工作目标可能是"将顾客的投诉率降低到1%"。这样一来，整个目标便被具体、明确化了，因此，各层级之间也能更容易达成共识。

华为领导者一般会通过5W1H法则来使目标具体、明确化，这一法则主要分为六个方面。

第一，What——目标是什么

华为在制定计划之前会先明确这样做的最终目标是什么。在这个过程中，目标的前提条件、重点任务、操作方法和相关问题等都在考虑范围之内，并且华为会将这些内容分条列项，使问题和答案清晰地呈现出来。

第二，When——最合理的时间是什么

华为在制定目标时会先确定目标计划的开始时间、结束时间、各时间段对应的任务、应变最后期限和应变措施等。在最合理的时间实行目标计划是按时完成目标的保证。

第三，Where——最合适的地点在哪里

在设定目标时，华为尤为重视"地利"因素。例如企业的研发地点、工作地点、采购地点以及仓储地点都需要精心考虑，合适的研发地点便于工作的开展，合适的工作地点便于有效完成任务，合适的采购地点便于安全快速运达，合适的仓储地点便于更好地管理。总之，地点选得合适，目标就能更快达成。

第四，Who——选择什么样的人

华为会根据目标的重要性和数量来给员工分配任务。在必要时还会为他们选择搭档合伙人和援助对象。选择对的人去实施目标不仅可以保证工作效率，还能使目标保质、保量地达成。

第五，Why——为什么这样做

在规划目标时华为人会尽量多问为什么。例如为什么要研发这个产品、为什么要选择这个市场、为什么一定要达成这个指标，等等。这样做可以极大地避免风险，有效地应对各类意外情况。

第六，How——如何做才最有效率

在明确目标的过程中华为人始终坚持以下几种原则，比如最快实现原则、更省时省力原则、避免更多食物原则。总之，就是考虑如何做才能最有效率，才能最快地完成目标。

以上六点是华为在设计目标时所需考虑的主要内容。

（2）可度量（Measurable）

要使目标变得明确就要使目标变得可度量。华为常会用明确的数据来度量目标的达成情况。如果目标是无法衡量的，那么企业就可能在判断目标是否能实现上花费大量的时间。用数据来量化目标是实现目标具体化和明确化的有效手段。

华为制定的目标一般可以在五个方面体现它的可度量性，这五个方面分别是时间、成本、数量、质量以及客户满意度。对于那些无法在这五个方面实现度量化的目标，华为会考虑将其分化或流程化。

（3）可实现（Attainable）

设定不能实现的目标是毫无意义的，因此华为在设定目标时必定会考虑这一目标是否能实现。华为追求的目标并不是很难实现的目标，而是那些通过一定努力有很大可能实现的目标。华为人深知为员工设定难以实现的目标只会造成不良的后果，比如打击员工的积极性、使员工工作效率降低、使员工无法按时完成任务、造成资源浪费等。

（4）相关性（Relevant）

这里的目标指的是企业的某个目标与其他目标之间的相关性。对华为来说，企业的战略目标、管理者的目标和员工的工作目标都应该具有一定的相关性。如果员工实现的工作目标与企业的战略目标和管理者的目标毫不相关，或者相关度极低，那么这样的工作目标是没有意义的，即使它实现了，对整个企业的发展也是没有多大帮助的。

同时，华为人认为工作目标的制定要与岗位职责相关联。例如华为的员工在制定个人工作目标时，会先将其与自己的岗位相匹配，然后再与整个团队或整个部门的目标挂钩，最后还要与企业的战略目标联系起来。如果员工的目标与以上目标缺少内在联系，那么这样的目标便是不合格的，也是毫无意义的。

（5）时间限定（Time-based）

华为在制定目标时一定会给目标设定时间限制。如果目标没有时间限制往往会影响员工的积极性，导致目标很难在短时间内完成，使员工养成拖拉的不良习惯。另外，若没有时间限制目标就难以实现量化，也会对相关人员的考核造成影响。总之，目标若没有时间限制，就很难衡量员工工作效率的高低。

然而，华为人也不会盲目地对所有目标都设定时间限制。为目标设定一个时间限制是必须的，但也要根据事情的轻重缓急来执行，不能盲目地同时开展所有工作。华为认为真正好的做法是：为目标拟定时间要求，然后定期检查目标的完成进度，时时关注目标的进展和变化，适时调整策略和方法。

严格按照SMART标准来设定目标，既可以尽快使企业上下层达成共识，又可以提高员工的积极性和工作效率，最重要的是可以最大限度地减少资源的浪费，使员工及时完成最终的工作目标。

3. 华为的"五看三定"战略管理框架

企业要有一套完善的管理体系才能持续、稳定的发展。这是华为一直坚持的一点。良好的管理体系可以有效保障员工的执行效率，有利于企业目标的尽快达成。华为的管理体系是一种战略管理流程，又称战略运营流程。

华为的管理体系是一套以客户为中心的管理流程。这套流程已经被许多企业效仿和实施，并且取得了良好的效果，由此足以证明它是十分有价值的一套管理体系。

华为利用这套管理体系在2B和2C业务领域同样取得了成功。另外，英特尔、迪士尼、惠普、IBM、EMC和GE也都在使用这套管理体系。从众多国际公司对管理体系的重视程度可以看出，管理体系是企业把控战略机会点的核心要素之一，一套优秀的管理体系足以使企业长盛不衰。

在未引进优秀的管理体系之前华为出现过较多的战略失误，比如2002年的小灵通事件就是典型例子。但自这一事件后华为励精图治，重新进行战略规划，引进并融合创新出一套新的管理体系。至此，华为凭借这套出色的管理体系在之后的十几年间几乎没有出现任何战略失误。

对于一个成功的企业来说，除了要有优秀的领导者外，还需要一套完善的管理体系，二者缺一不可。

华为的成功离不开任正非的领导，更离不开其管理体系的有效实施。在华为人眼中，一套完备的管理体系至少包含两个方面：健全的战略框架和完善的组织机制。健全的战略框架是企业把握整体战略的基础，完善的组织机制是企业战略落地的有力抓手。

纵观华为成长史，可以说华为在所涉及的领域基本上抓住了所有大的机会点，比如3G网络、4G网络、固网宽带等。华为甚至还紧紧抓住一些较小的战略机会点，比如光伏逆变器。华为在这个领域做了3年就占到其市场份额的60%。至于智能手机和芯片领域，这些更是华为不会错过的大的战略机会点。目前，华为在智能手机和芯片领域都取得了较好的成绩，华为智能手机和海思芯片已经成功受到部分消费者的青睐，其中海思芯片很有可能造就下一个千亿级别的企业。

华为战略落地能力强的原因在于两方面：一是管理体系的贡献，二是企业文化的贡献。其中，完善的管理体系是华为拥有出色执行力的保障。在战略洞察和战略制定环节，华为建立了"五看三定"的战略管理框架模型，其中"五看"前文已经说过了，即：一看行业或趋势，二看市场或客户，三看竞争，四看自己，五看机会。

"三定"分别指：一定控制点，二定目标，三定策略。

总体战略管理模型始终要"以客户为中心，以目标为导向"。拥有客户是企业发展的前提，客户的需求是企业应该满足的第一需求。只有"以客户为中心"，才能保障企业做正确的事和朝着正确的方向发展。"以目标为导向"就是要参照目标把事情做好，向着目标前进，这样员工的工作才不会偏离正确方向。

华为制定的目标都是明确的目标，也是上下可以达成共识的目标。这些目标可以分解到管理、生产、销售等多个部门，最终实现战略解码。华为战略解码的过程就是将战略目标从高层分解到基层，变成部门目标和员工目标，并让各个目标得以实现的过程。

华为的战略解码过程还有一个非常重要的部分，叫作年度业务计划。这一计划共分为三个部分：

（1）整个体系的目标、策略和实行计划

只有制定了明确、清晰的目标，才能快速制定出相应目标的策略和实行计划，也才能让员工快速消化、理解目标，并积极开展实现目标的业务和工作。

不管在生产、销售，还是在人力资源和财务管理方面，华为都坚持制定明确、清晰的目标。然后将这些目标分解成可管理的组织单元，再制定一系列的对应策略，最后一一落实到员工的实行计划上去。

(2) 重视从机会点到订货的过程

销售额是华为年度业务计划中的核心内容，因此华为一旦抓住战略机会点就会将其确定为年度的订货。将机会点分解成订货的过程就是我们所说的战略解码的过程，这个分解过程是相对严肃的，其中，订货要与企业当年的计划、物流和配置等多方面内容息息相关。

(3) 企业预算、重要财务指标和组织KPI

在这三项中，企业预算和组织KPI的制定是最困难的，而重要财务指标与订货挂钩，其制定相对容易。

华为管理体系的最后环节是战略执行和评估。这是将战略落地的最终环节，也是价值分配的必备环节。根据战略的执行情况，华为的员工会得到相应的评估等级，而评估等级可以直接影响他们对应的价值分配。

4. 华为的"五大级别"团队组织能力

企业的组织队伍是战略落地的最终执行者，因此企业如果没有一支足够强大的组织队伍，是难以将企业战略落地实施的。在我国，许多企业在战略落地过程中严重缺乏组织能力，特别是在企业转型时这点尤为突出。例如，一家企业原本是卖元器件的，后来出于市场需求，决定转型卖定制化产品，这种转型其实就是从卖产品转变成卖解决方案。而其中运用到的组织能力是很多企业难以驾驭的。

然而，华为却是一个具有强大团队组织能力的企业，它的组织能力主要就体现在战略的解码过程中。实际上，战略解码的过程对企业组织能力的要求较高，可以说，战略解码的过程就是打造一个企业的组织能力的过程。

在华为的发展史上，其团队组织能力的构建主要经历了五个阶段。

第一阶段，非正式组织运作

华为始于一家贸易公司，刚开始员工只有十几人，既没有成型的组织，也没有清晰的管理边界。在这个阶段，对企业来说，员工的意愿比能力更重要。因为大家都是抱着创业者的心态做事，没有打工者的情绪，公司虽然有些混乱，却充满无限生机，发展也比较快。

华为在这个阶段的管理主要基于个人经验，还未形成规范的管理要求。然而随着公司的发展，这种组织能力便逐渐难以适应了。

第二阶段，职能型组织运作

这个阶段，命令是直线传达的，所以效果比较好。当然，这样的组织形式也有缺点，它会使跨部门工作变得效率低下。企业的业务和人员数量不断增多，复杂性不断变强，组织便会发生裂变，于是智能型组织便产生了。

这个阶段的组织发展一般会遇到两个问题：

一是跨部门协同的问题。

部门之间在进行业务协同时通常会遇到所谓的"部门墙"，由于很多部门之间的级别是平行的，所以业务工作很难在它们之间推动运行，即使是一些小事也需要老板来作决策。

二是资源配置不均的问题。

有些职能部门会成为企业业务的瓶颈，每个部门都抱怨人手不够，企业领导者一时半会儿也很难判断问题之所在，所以就会逐渐出现各部门相互推脱责任的情况。这样一来，企业资源就会在大量的协调工作中内耗掉。

上述两个问题是华为发展过程中曾面临的问题，也是企业发展过程中必须解决的问题。解决这些问题的方法也很简单，就是需要人制，需要制定明确的业务规则，需要各体系的管理者相互沟通以及企业领导者去作决策。在这个阶段，企业领导者是唯一的仲裁人，他要花费大量的时间和精力来维持组织平衡和协调各方面关系。

第三阶段，项目型组织运作

直线职能制组织结构会使企业部门之间筑起厚厚的"城墙"。于是，企业在解决时效性问题时往往会利用跨部门组建的临时型团队来解决，解决的方式一般包括联合办公和专项改进等。

这是项目制管理的一个简单雏形，尚没有明确的规则。这种管理的效果主要取决于管理者在项目外的权利。如果企业领导者直接作为跨部门项目负责人，那么这种项目制管理的效果会更好，部门间协调的效率就会更高，但是这并不是领导者在项目组的权利使然，而是原有的职能权利起了作用。

这种组织形式的弊端在于它对项目组长的权利要求较高，但项目本身不会赋予组长太多的权利，组长在制约组内成员的行为时需要借助其在项目组以外的权利。

第四阶段，流程型组织运作

流程型组织的建立是以业务流为基础的，这种组织运作模式不仅可以实现上下对齐，还能实现左右联通。华为的营销体系之所以强大，正是由于这种流程型组织运作给它提供了坚实的后盾。

基于这种流程型组织运作模式，华为形成了有别于其他企业的竞争优势。这一竞争优势主要包括三个方面：矩阵式管理，流程型组织，授权、行权和监管的权利分配机制。

华为用规则制度战胜了人制，所以它的成功是管理体系的成功。

如果说原先的华为是一个以权谋治理的公司，那么现在的华为就是一个由法制治理的公司。实用是华为组织能力学习的第一原则。从别人那里学习对自己有用的东西，对那些对组织没用的东西进行侧向感悟是华为一直坚持做的事情。

随着华为内部组织的不断发展，进行分权治理是当务之急。华为在分权治理上面临两个选择：一个是事业部制管理，另一个是矩阵式管理。

事业部制管理在西方公司中采用的较多。这种管理制度要求企业通过分割业务单元的方式来降低管理规模，并利用目标驱动的方式实现团队的利益绑定。

其最大的优点是能够提升企业组织的效率。但是这种管理制度并不适合华为，因为企业在做重大战略布局时往往会牺牲那些与其利益不相符的部门，而这并不是华为总裁任正非想要的。

矩阵式管理虽然不是华为原创的管理方式，却是在华为身上运用最好的管理方式。这一管理方式的突出优点是能让企业具备中央集权的控制模式和超强的执行力。但不成熟的矩阵式管理也有非常明显的弊端，如管理层过多、多头管理、效率低下等。而华为巧妙地利用流程型组织解除了这些弊端。

流程型组织的构建需要企业拥有极强的执行力，而这正是矩阵式管理的优势所在，所以流程型组织和矩阵式管理是互补的。

第五阶段，战略驱动价值链共建

这是华为努力想要达到的组织形式，它可以帮助不同的企业实现价值链的共享，同时帮助它们赢得价值市场的战略制高点。

图6-1　企业组织运作的能力阶段

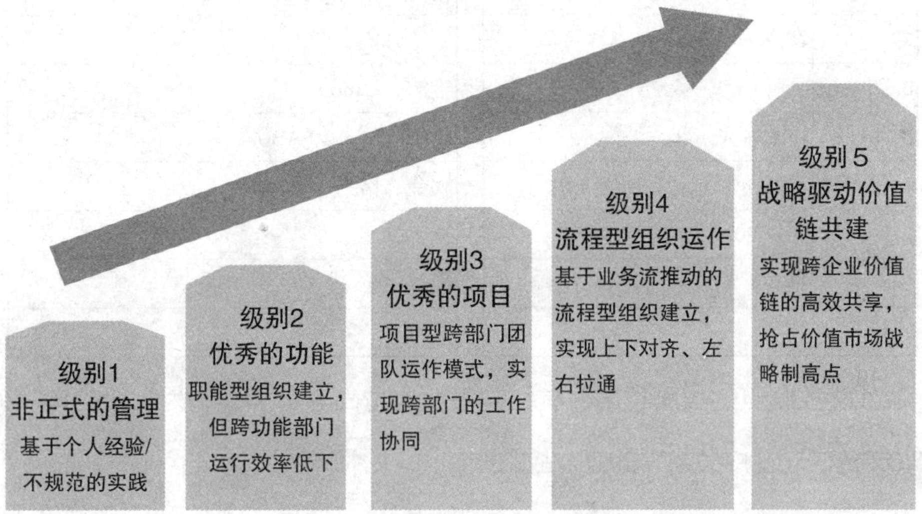

级别1　非正式的管理
基于个人经验/不规范的实践

级别2　优秀的功能
职能型组织建立，但跨功能部门运行效率低下

级别3　优秀的项目
项目型跨部门团队运作模式，实现跨部门的工作协同

级别4　流程型组织运作
基于业务流推动的流程型组织建立，实现上下对齐、左右拉通

级别5　战略驱动价值链共建
实现跨企业价值链的高效共享，抢占价值市场战略制高点

5. "专利组合+客户关系"的复合战略控制点

战略控制点是企业的一种中长期竞争力，其主要特点是不易被构建、不易被模仿以及不易被超越。典型的战略控制点包括成本优势、品质优势、专利组合、品牌、客户关系等。

战略控制点具有不同的控制级数，具体如下图：

图6-2 战略控制点的控制级数

战略控制-战略控制系数		例子
10	拥有标准	高通，ARM
9	价值链控制	苹果，微软
8	绝对的市场份额	腾讯（QQ、微信）、亚马逊（云计算）
7	客户关系	兰德公司、华为
6	品牌	宝洁、Canon
5	技术领先一年	村田、Intel（FAB）
4	功能、性能、品质优先	大金、格力
3	10%~20%成本优势	富士康
2	具有平均成本	无数
1	商品	无数

战略控制点的层次越高，其控制级数也越高。目前，华为构建的是一种"专利组合+客户关系"的复合战略控制点。

图6-3 华为无线业务发展示意图

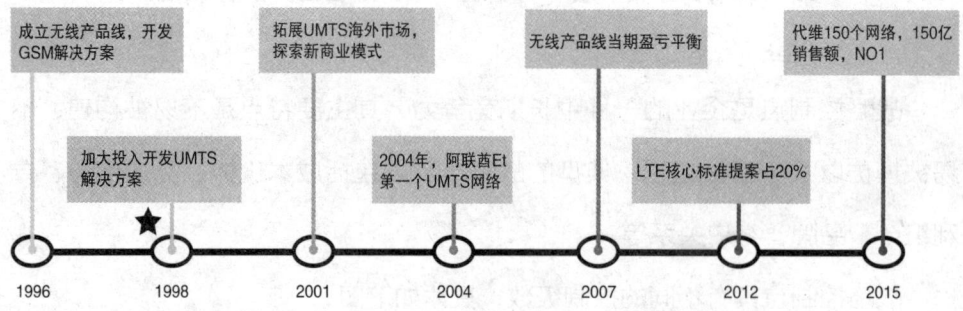

对现代企业来说，最高级别的战略控制点是拥有标准，也可以称为拥有专利组合。例如高通拥有无线3G、4G的专利权，截止到现在，世界上绝大多数的手机公司每年仍然需要向其缴纳高额的专利费。简单来说就是高通在无线3G、4G方面拥有自己的标准，别人要使用这个标准就需要向其缴纳费用。同样，华为在无线空口协议部分也拥有自己的标准，因此即使像苹果这样有实力的公司每年也要向华为缴纳上亿美元的专利费。

华为拥有独一无二的技术，所以它才能拥有专利组合这一战略控制点，也才能为其他公司制定需要遵从的标准。

1996年，华为开始从事无线业务。

1998年，华为着手做无线3G业务。

2001年，华为陆续将相关产品研发出来后又开始进军海外市场。

2007年，在此之前的十余年里，华为无线一直处于亏损状态。

2008年，经济危机这一年，华为无线却迎来了转机，华为仅利用这一年时间便将过去十余年的亏损全部弥补上了。

2012年，华为在无线物联网方面的核心专利占到了20%。

2015年，华为无线仅通过售卖设备就有150亿美元进账，在当时堪称世界第一。另外，华为上海代维中心的业务遍布全球75个国家，销售额约90亿美元，其中的利润额也非常可观。

正是由于拥有标准，拥有自己的专利组合，华为才能拥有如此强大的引领能力。尽管华为无线在未来的销售额增长会放缓，但它的盈利势头依然强劲。

目前，华为已经在无线网络方面构建了强大的专利组合，未来华为很可能会引领5G时代并成就下一个增长奇迹。

由此可见，企业若能拥有自己的标准或专利组合，便意味着把控了高级战略控制点，而这将对企业的发展起到巨大的推动作用。

客户关系是另外一个高级战略控制点。对B2B研发制造类企业来说，掌握了客户关系就相当于掌握了从客户需求到产品交付的整个链条。或者说客户关系就是打造供需链条的有力保障，即使供需链条在未来会发生变化，企业也可以通过客户关系提前对其进行规划并不断调整自身去适应它。

华为非常重视客户关系，在开始做3G业务时，它就已经将构建客户关系作为自己的战略控制点。华为起初只专注于销售无线设备，那时买卖双方通常都是一次性交易，交易形式非常单一。

从2002年开始，华为不再单纯地向客户销售产品，还为客户提供解决问题的方案。华为人将解决问题形象地比作"交钥匙"，并把为客户提供解决方案的工作叫作"交钥匙工程"。

华为一边向客户销售产品，一边为客户提供解决方案，或者在为客户提供解决方案的同时附带着销售自己的产品。在这个过程中，很多时候为客户构建方案所花费的时间要远比向客户直接销售产品的时间多得多。

例如，华为在为客户构建网络时往往要考虑到许多问题，诸如如何进行基础建设、如何牵引水电和光纤、如何搭建整个网络、如何选址，等等。最终，华为会将一张近乎完美的可运营网络交到客户手中。随着交钥匙工程在整个公司内的普及，华为的发展也越来越快。

华为的交钥匙业务原来只涉及两个方面：一个是CPU，另一个是CTU。后来又扩展到CMO、CSO等多个方面，再后来又为客户提供代维服务，例如华为在上海的代维中心就是为客户提供代维服务的。

通过代维服务，华为可以包揽客户整个无线网络的运营和管理，在此期间，华为不仅能够顺利地将宽带及其相关设备全部售卖给客户，还能收取帮助客户建设、优化和管理整个无线网络的相关服务费用。

之所以说客户关系是一个强力的控制点，是因为只要抓住了这个控制点，客户就会在未来五年乃至十年都离不开华为。如果客户需要再建新网络，他们依然会委托华为来办理，因为华为构建了他们的整张网络，对整张网络的情况非常了解。

也许有人会问：为什么这些客户会在开始构建网络时让华为来代维呢？这其实是一个关键点。网络是非常耗费资金的，特别是无线网络，不仅运营成本高，而且相当复杂。华为的优势在于它拥有非常优秀的网络协同效应，可以同时管理几百张复杂网络。基于这一点，运营商才会心甘情愿地把网络业务分给华为做。而华为构建了这些网络就相当于构建了客户关系，也就相当于构建了战略控制点。

第三篇

战略执行：为什么 BLM 模型可以连接 "战略" 和 "执行"

第七章　高效执行力才是最终的生产力

任正非说：

天天谈战略的公司最后都死了，没有执行力，一切都是空谈。

有一种说法："世界上最难的管理是从战略到执行"。不是制定战略就可以超越竞争对手。实施经验证明，很多企业在竞争中，战略发挥的作用居然达不到50%，究其原因，不是战略不好，而是执行力不强。战略落不了地，就会导致"上边热、下边冷""目标热、结果冷"，战略成功的关键在于执行。

为保证执行的高效，公司实体组织进行日常业务协调与决策的平台，采用行政主管权威管理制，同时通过集体议事，集思广益，避免或弥补主管个人管理的风险性和片面性。（来源：《关于交付、运营资产管理、队伍建设等方面的指导意见》，2008）

战略和执行是一对矛盾，它们相互区别又彼此联系。没有执行的战略不是真正的战略，只是纸上谈兵罢了。战略不能执行就成了一纸空文，无法给企业创造任何价值。相反，没有战略指导的执行就会像无头苍蝇，迷失方向。战略能指导执行，没有战略，执行的效率、执行的好坏都无法衡量。由此可见，战略和执行是不能简单分割的。只有优秀的战略配以高效的执行才能为企业创造价值。

高效执行力才是最终的生产力。对任何企业来说，执行力都是非常重要的。不管是刚刚建立的小企业还是像华为这样的大企业，拥有高效的执行力就等于拥有了成功的保障。即使企业能够制定出完美无缺的战略，如果缺少执行，一切战略都是枉然。不能落地执行的战略是没有价值的，要想使优秀的战略尽快实现，企业就必须拥有高效的执行力。

1. "战略"与"执行"哪个更重要

在企业的发展中，领导者常常需要思考两个问题：战略问题和执行问题。这些问题谈论多了，人们自然而然地想论出个孰轻孰重来。于是，新问题便产生了：对于企业来说，战略和执行究竟哪个更重要呢？

执行是战略的继续，在战略执行过程中，参与者会按照自己的理解和利益来执行战略。由于参与者的理解和利益不同，他们执行战略的方法往往也不同，相应地他们在执行战略的过程中就会改变战略的意图或改变战略原来的轨迹，就像他们是战略决策者一样。

这一思想简单而直白。这是我们司空见惯的情形，同时也是我们经常处理不好的问题。一些企业常会用集权式决策来制定战略，就像古代的中央集权制，所有的权力都集中在总裁一人身上，所有的战略都由领导者一人决定。这样的决策过程减少了他人发表意见的时间，看起来似乎是提高了制定

第三篇 战略执行：为什么 BLM 模型可以连接"战略"和"执行"

战略的效率，但实际上只是推迟了执行者参与决策的时间而已。在战略执行的过程中，执行者仍然会变相地按照自己的理解和想法来解码战略，而他们解码的战略与决策者制定的战略是否相同便不得而知了。

战略一旦进入执行过程，就需要执行者和决策者不断进行讨论并再次达成共识。如果不经过再次达成共识的过程，执行的结果就可能与战略产生偏差。这是因为执行者在实施战略时总会带着个人利益和意愿，他们总是试图去纠正决策者的无知和偏差。如果决策者自以为是地制定出一个战略，那么这个战略就很有可能在实施过程中被执行者纠正。当然，也可能存在另一个情形，即决策者会通过严格的制度来规范执行过程，强行执行符合自身意愿的战略。

通过这种高压政策，决策者可能会在短时间内一意孤行。但是时间一长，诸多问题便会一一暴露。由此可见，执行中产生的问题既可能来自执行者，也可能来自缺乏预见性的决策者。

战略和执行是一个整体过程，将它们分开认识和理解是没有意义的。不考虑执行的战略绝不是一个好战略，同样，脱离战略的执行绝不是一个好执行。战略和执行两者是相互成就的。

实践是检验真理的唯一标准。但实践也需要理论的指导，这就像执行需要战略的指导一样。我们不能说战略和执行同等重要，因为这句话虽然正确，却对实践毫无指导意义。

那么，在什么条件下战略比执行重要？在什么条件下执行比战略重要？答案是：有时战略比执行重要，有时执行比战略重要。对企业高层管理者来说，战略比执行重要；对基层管理者来说，执行比战略重要。也就是说，要讨论战略和执行究竟哪个更重要是有前提条件的。

许多传统产业都拥有自己既定的运行轨道，它们的业务方向足够清晰、目标也足够明确，在这种情况下，执行就比战略更加重要。相反，一些刚刚起步或需要变革、转型的企业，它们需要的是新产品、新业务和新项目，在这种情况下战略就比执行更重要。

对处于成熟或稳定发展阶段的企业来说，执行比战略重要；对处于变革和转型阶段的企业来说，战略比执行重要。实际上，如果只从员工所处层级的角度来看，企业的所有层级都身兼战略制定者和战略执行者的双重身份，只不过不同层级在这两者之间所占的比例不同罢了。

单就企业不同层级的职能来看，企业高层需要将心思更多地花费在战略制定上，而企业中层、基层需要将更多的时间和精力花在执行上。然而，某些时候，基层管理者也需要制定好执行战略的计划，以确保战略的高效执行，而不是去百分之百地盲目执行。

企业管理中最大的冲突是管理错位。即使像华为这样有着优秀管理体系的企业也同样存在问题。华为总裁任正非曾说："管理中要砍掉高层的手脚，砍掉中层的屁股，砍掉基层的脑袋。"

要理解这番话，其实并不难。我们知道，企业高层扮演着决策者的身份，他们的主要职责是为团队作好决策并制定战略，让中层、基层拥有执行的目标和方向。所以，对于企业高层来说，他们需要学会用脑子来作决策或制定战略，而不是去考虑具体事务的执行。企业中层具有承上启下的作用，他们既需要像决策者那样拥有一定的大局观，始终站在企业的整体利益上来考虑；又需要注重执行，将自己的任务和项目做好。企业基层的代表是一线员工，他们的主要职责就是将分配的任务做好，把战略目标执行到位，把工作细节做到极致，而不是去妄断企业的战略，可谓是不在其位，不谋其政。如果所有的企业员工能像华为的各个层级那样各司其职，专心只做分内事，那么它很容易便能做到战略清晰、执行有力，企业的发展自然不成问题。

然而，管理错位是大多数企业难以根除的弊病。企业高层紧盯着中层、基层的执行，乐此不疲地关心项目和销售；而中基层则整天高谈阔论企业的战略，心中既无自己的岗位也无自己的职责。若企业这样发展下去，只会彻底沦为失败者，也没有资格去谈论战略和执行哪个更重要了。

2.为什么战略无法落地

企业实现战略的过程其实就是企业为达成目标进行资源分配和路线选择的过程。一些企业之所以没有战略，是因为这些企业对自身和外部环境不够了解，它们不相信只通过决策和选择就能使企业获得理想的未来。

然而，企业存在必定有其存在的理由，比如，它们都拥有自己独特的商业智慧、竞争优势、商业模式或竞争战略等。这些元素都是企业制胜的"战略元素"，一旦它们被所处环境和过多的信息淹没，企业便会丧失发展的动力。

随着企业的发展，它所面临的问题也会发生变化。例如很多企业一开始只关心战略是什么，后来又将注意力转移到了战略的落地执行上。新的问题势必会给企业带来新的挑战。不管是进行多视角的战略解剖，还是全方位的方案解答，我们总是脱离不了一些基本且关键的要素，比如清晰明确的战略、有效的沟通、合理的资源分配、科学的激励以及智慧的管控，等等。

通过对华为战略落地的分析可以发现，华为除了在制定战略、组织团队、应用人才和分配资源等领域具有非常出色的表现外，在管理控制领域也尤为优秀。对华为来说，"管控"是企业不能缺少的战略执行的核心要素。缺少了这一核心要素，战略便难以落地。一套完整的战略管控体系既要有起点又要有核心驱动。一般来说，起点就是战略规划和分析，核心驱动是战略分解和协同。在执行战略的过程中，企业要及时为战略配以财务和人力等资源，同时还要促使各层级和各部门实行高效的战略沟通，对于那些优秀的实践还要及时分享经验。

对很多企业来说，战略落地是一件十分困难的事。战略落地的执行者是企业的员工，而战略的制定者是企业领导层。战略无法落地的一个重要原因就是上传下达出了问题，或者说沟通出了问题。员工读不懂领导者的战略，自然无从下手去执行战略。战略沟通有两个保障：一是渠道，二是语言。战略沟通的渠道要多元化，要让所有执行战略的员工都能听到，而且可以通过多种渠道听到。战略沟通的语言要接地气，要让不同层级的员工都能听懂，这就需要公司制定统一、简明的战略沟通语言。由此可见，战略沟通的关键是让员工听到和听懂。只有员工听到并听懂了企业战略，才能去执行对应的工作。

战略无法落地的第二个重要原因是资源配置不到位。"兵马未动，粮草先行"，这是战场上的基本原则，这一原则也同样适用于商场。企业在制定战略的同时需要考虑如何为执行团队配置好资源。没有重要的资源保障，企业的战略便很难有效地执行。这里的资源不仅包含人力资源、财务资源，还包括设备资源、技术资源等。企业需要考虑哪些岗位和人才适用于对应战略的执行。同时，领导者要将未来式的资源用以发展未来式的战略，而不是用过去式的资源来支撑这一战略。资源与战略的搭配要合理，否则，就会成为战略落地的阻碍。

没有执行力的团队是无法使战略落地的。因为团队的执行力直接影响着战略执行的效率和效果。可见，团队没有执行力是阻碍战略落地的又一大因素。那么，团队的执行力从哪里来呢？这里涉及两个方面：一是管理的推动力，二是对员工的激励。大多数企业都有明确、严格的管理制度，可以有效督促员工进行战略落地执行。相反，很多企业却很少在激励政策上下功夫，对员工缺乏物质和精神上的慰藉，无法激发团队的主动执行力。

针对战略无法落地的问题，华为的"七步战略落地框架"值得大多数企业借鉴。

第一步：运用分析框架和工具进行战略规划

企业应对自身在不同时期的发展战略进行规划，包括企业战略规划、业务战略规划和职能战略规划等多个方面。在进行战略规划时企业需要明确自身的发展目标，设定相应的战略路径，根据不同层级的需求合理配置用以实现各层级战略目标的资源，并对战略预期进行检验和优化。

企业领导者需要综合考虑行业背景、企业发展状况、企业管理成熟度等多种内外因素，并在此基础上选择合理的框架和工具进行战略分析和规划。传统企业需要关注价值链分析，积极做好价值争夺和转移，如果遭遇传统价值链受到新商业模式冲击的情况，企业就要根据新商业模式对企业价值链进行创新和优化分析。

第二步：多视角、全方位地进行战略解读和描述

对企业的战略规划进行逻辑梳理，从企业财富增长、办公效率、客户分类、市场定位、资源配套、产品与服务组合、竞争优势等多个视角全方位对企业战略进行深度解读和清晰描述。

第三步：实现战略分解和战略协同

根据企业战略规划路径和资源配置情况将战略目标分解到各个部门和岗位。让企业战略贯穿于部门目标和个人目标中，确保战略在任何管控模式和组织形态下都能顺利落地实施。将战略目标与岗位和员工配对，实现企业战略和个人目标的协同一致。

第四步：确保科学合理地配置战略性资源

在将企业战略目标进行层层分解的过程中及时发现资源配置问题，对资源配置缺失、不足和低效的情况进行优化和调整，确保科学、合理地配置战略性资源。对于中长期的战略目标，企业要做好预算管理和经营计划，同时平衡长短期资源的配置。

第五步：做好激励管理

为员工制定配套的绩效和薪酬，完成绩效的评估和评价，对优秀员工进行物质和精神奖励并拓宽他们的晋升渠道，对业务不达标的员工进行业务培训和经验分享，提高他们的竞争意识和工作积极性。通过配套的薪酬体系对员工进行有效激励，让他们主动执行企业战略。

第六步：拓展战略传达渠道，促使高效战略沟通

拓宽战略传达渠道，比如通过例会、研讨会、回顾会、培训、互联网、宣传栏等多种渠道向员工进行企业战略宣传，让所有员工时时都能听到企业战略的"声音",促进员工理解企业战略,并与企业上层就战略方面达成共识。企业不仅要让员工听到战略,还要让员工听懂战略。这就需要管理者运用更加通俗易懂的语言来向员工传递战略,用更加接地气的方式来消除与员工的沟通障碍,让员工充分理解战略内涵和执行要求。

第七步:进行战略纠偏、优化和升级,实现完整的战略闭环管理

搭建战略管控体系,借助平台信息定期进行战略纠偏、优化和升级。用战略闭环管理将战略和运营相结合,确保战略落地执行。

3.为什么BLM模型可以连接"战略"和"执行"

华为BLM模型又叫业务领导力模型或业务领先模型。这是一套系统的战略规划方法论,由美国IBM公司研发并率先使用。据说,华为花费了3000万才将这一模型成功应用到自己的战略规划领域。BLM模型非常强大,它不仅能应用在企业的战略规划领域,还能应用于人力资源规划、企业管理规划等多个领域。作为华为战略规划的强有力工具,BLM模型不仅是连接华为战略与执行的出色方法,也是实施战略解码的优秀平台。

华为的亲身实践告诉我们,要想用好BLM模型,首先需要具备平行思维。平行思维与我们平时使用的思维方式不同,平时我们只会使用垂直思维,也就是所谓的逻辑思考法。垂直思维主要有两个特点:

第一,带着框框看问题。这种思维会将复杂的事情分成若干个独立部分,然后再将这些部分与思考者的知识、经验和价值观相联系,从而使这些部分容易被人们识别。思考者只能通过自身已有的认知模式来认识这些部分,就像是带着框框看问题。

第二,运用逻辑思维看问题。垂直思维会将问题按照一定方向和路线排列,然后用逻辑思维将它们联系起来,并对它们进行一定程度的纵向挖掘。

这种思维有好也有坏。好处在于人们可以运用逻辑推理迅速发现不同问题之间的因果关系,并凭借已有经验快速解决问题。坏处在于个人知识、经验和价值观所形成的逻辑链和逻辑框架会局限人的思维,使人无法找到现有逻辑之外的方案,从而限制人们的创造力。

平行思维则与之不同,它是一种多视角的思维。利用平行思维,人们可以跳出固有认知模式,打破思维定式,多角度地认知事物和看待问题。这种思维包含多种思考方法,比如横向思考法、纵向思考法、逆向思考法和水平思考法等,可以使人快速构建新概念并形成新认知。

使用BLM模型,不是获得了一个部分的完美答案后再去思考其他部分。使用BLM模型,需要将所有已知条件都放进模型,在了解各因素之间的关系后思考自己想要的究竟是什么。这样就能把缺失的信息逐渐补充完整,然后形成自己想要的答案。整个过程就像素描一样,眼睛、鼻子和嘴巴是相互联系着描绘出来的,而不是画完一个器官再画另一个器官。

那么,如何运用平行思维来掌握BLM模型呢?

(1)明确战略制定和战略分解

战略制定和战略分解是不同的,但两者在实行时都需要了解公司的内外部因素并找到它们之间的逻辑关系。它们的目的不是寻找一个固定的答案,而是构建或选择优秀的逻辑关系。有了这些逻辑关系,企业便可以获得多种富有创造性的解决方案，因此它的运作目的是治本，而非治标。

（2）BLM模型的使用，需要五个步骤

第一步：先找到战略制定者、战略传达者、战略执行者等一系列与战略相关的人，包括企业总裁、企业管理高层、优秀员工代表、外部专家，等等。然后将这些人集中起来进行直觉调查。主要的方法是单独询问每个人同样的战略问题，避免面对面同时向多人询问同一问题，同时所问问题要与企业战略相关，比如我们如何才能突破发展瓶颈？公司还有哪些提升的空间？我们需要什么样的目标？

第二步：将所有参与者给出的答案进行归类，并安放在BLM模型的各个部分。重新聚集所有参与者，对所得答案进行质疑和反思。质疑和反思的内容可以包括：不同部分的答案具有一致性吗？它们是否相互补充或支持？对于不同的答案你坚持哪一个？这种方法可以使大家快速发现问题的矛盾和空白点，并迅速打开参与者的思维。

第三步：整合质疑和反思的结果并完善其中的信息，再进行提问：大家假设的事实和数据是否涵盖了原来问题的所有部分？如果没有，让大家继续对缺少的信息进行补充。

第四步：提炼和总结重点信息，核实BLM模型的一致性，找出每个部分中的核心问题。

第五步：对信息达成共识，制定行动计划。

如果主持者对结果不满意或认为结果不全面、不准确，可以重复进行以上五步，若对某一步产生怀疑可以重新回到上一步进行循环操作，直到制定出优秀的战略和行动计划为止。

总体来看，BLM模型可分为三层：上层领导力、中层战略与执行、下层价值观。上层领导力告诉我们：企业的战略能否实现首先要看企业的领导者，因为领导者的格局决定了企业的格局。领导者具有强大的领导力，他的战略便很容易实现，就像优秀的军事家可以打好仗一样。中层的左侧是战略，右侧是执行。战略和执行由业务设计和关键任务依赖关系相连接，各自的内部元素之间又有着相互的联系。企业战略能否达成不仅要看战略制定和执行计划，还要看领导力和价值观。下层的价值观是实现战略的有效保障。为什么这样说呢？我们知道，企业战略的具体执行者是广大的员工。没有广大员工的支持，企业的任何战略都无法完成。而想要集中力量完成战略，就需要员工对如何完成战略持有相似的价值观。这种价值观是企业员工与部门管理者乃至企业领导者就企业战略达成共识的基础。有了这种价值观，员工们就会在行动上趋于一致，可以说，它就是员工行动的指引。

4.华为执行理念

企业要想成功，员工的执行力是关键要素。这里的执行力指的是员工完成工作任务的能力。企业员工被迫去完成工作任务与自觉、自愿去完成工作任务是完全不同的两种效果。第一种是执行力低下的表现，而第二种是执行力强大的表现。影响员工执行力的因素有很多，其中最关键的因素是企业文化。企业文化对员工执行力的影响是无形的，也是潜移默化的，会使员工在不知不觉中提高工作积极性。

在国内众多的企业中，华为员工的执行力非常强大，而这主要得益于其文化建设。在中国，很多企业将华为作为学习的榜样，百度公司就是最具代表性的一个。事实上，百度学习华为，并不是生搬硬套华为的执行理念和文化理念。与华为相比，百度虽同是高新技术企业，同样具有成熟的管理制度和全面的流程制度，但百度员工的执行力与华为员工的执行力依然存在一定的差距。华为在执行力方面拥有发言权并非空穴来风，若仔细研究其背后构建执行力文化的管理模式，便能发现端倪。

"冰冻三尺非一日之寒，滴水穿石非一日之功"，华为的执行力文化也不是一朝一夕构建而成的。企业要构建执行力文化往往需要长期的宣传和管理。华为构建执行力文化主要经历了以下几个阶段，如图7-1所示。

图7-1 华为构建执行力文化阶段图

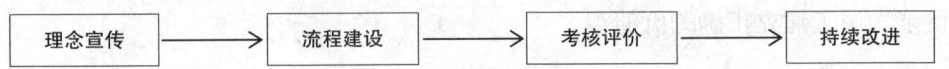

（1）理念宣传

华为拥有这样一条执行理念，即"执行力不是口头禅，而是心中的价值观"。企业的执行力差往往不是因为员工没有能力，而是他们不想做。人是有惰性的，有些员工在工作中可能嫌事情多、怕麻烦、怕担责任，对工作便会能拖就拖、能省则省。或许这不是常态，但只要偶尔出现类似情况，就会逐渐形成不良风气。如果企业员工将推卸责任当成自己的价值观，他们自然就会将这种理念表现在行动上，于是，执行力差便在情理之中了。

员工与企业的价值观不统一会对员工的工作产生巨大的影响。在企业宣传执行力文化时，执行力差的员工第一反应可能是：这与我没有关系。他们会认为自己对企业没有太大的责任，因为在他们看来自己始终是一名普通的员工。员工不理解、不认同企业的执行力文化，就会对企业分配的工作任务和要求缺乏兴趣，没有积极性地开展工作，也就谈不上拥有执行力了。

因此，企业在倡导执行力时不能只是空喊口号，而是应将执行力当作一种价值观并将其根植于员工的内心。为员工植入价值观的方式有许多种，华为主要采取五种方式，分别是：标语植入、培训植入、会议植入、活动植入和行为植入。

第一，标语植入

顾名思义，标语植入就是通过横幅标语、广告画等来宣传执行力文化，为员工植入价值观。华为会安排专业人员策划一些极具煽动性和艺术性的术语或文字，从视觉角度向员工传达执行力的文化理念，这样在日常的点滴中便能为员工建立正确的价值观。

第二，培训植入

企业要想拥有较强的整体执行力，就需要首先拥有一个高质量的员工团队。一方面，华为在对外招聘时会严格挑选那些素质高、执行力强、符合企业文化要求的优秀人才进入公司；另一方面，华为也会为员工建立完善的培训体系，为他们做企业文化宣导。企业培训不仅能让员工更深刻地了解自己的工作岗位，同时也能帮助他们更充分地理解公司理念。此外，还能帮助员工提高认识问题和解决问题的能力。

第三，会议植入

企业会议讨论的核心是如何解决问题，或者说如何执行。所以通过会议来为员工贯彻执行力是一种比较直接的做法。

第四,活动植入

华为会将传统权谋和斗争哲学融入现代化的管理之中。在举办大大小小的活动时,华为会组织员工唱红歌、做竞技,这些大多是中国军人生活的一部分。华为希望通过这些活动来帮助员工获得军人般的执行力。

第五,行为植入

华为特别重视管理者的选拔和培养。一般来说,华为会全力打造一批拥有良好执行力和价值观的管理者,然后让这些管理者作为员工学习的榜样,通过管理者的行为来影响员工的行为。华为的管理者会以身作则来引导和约束员工,让良好的执行力价值观扎根于基层员工心中。

(2)流程建设

流程建设又称机制建设。企业为员工植入价值观,其实就是培养他们的主动性。当然,这只是一个方面,员工在具体执行的过程中仍会面临诸多问题,比如具体如何做、如何反馈等。解决这些问题最直接的做法就是建立管理机制。有了管理机制,员工就会在对应的岗位上受到制度的约束,就会明白哪些事情可以做,哪些事情不可以做。同时戒除懈怠、马虎的不良习惯,明白自己的责任所在,不轻易推卸责任。有了管理机制,员工工作出错的情况也会大大减少,因为管理机制会告诉员工怎样做,从而大大提高员工的执行力。

华为用来提高员工执行力的管理机制主要有两个:目标管理和沟通机制。

首先是目标管理。显然,要提高员工的执行力就需要让他们明确自己的工作目标。但需要强调的是,这里要让员工明确的是企业的战略目标,而不是员工自己的工作目标。因为两者或多或少会存在一些偏差，但只要员工能明确并牢记企业的战略目标，就不会在整体方向上出错。避免在方向上出错也是保障高效执行力的一种方式。华为利用目标管理的方式将企业的战略目标层层分解成业务目标、部门目标、团队目标以及个人目标，并要求员工按照对应目标做好个人执行计划，从而提升了员工的执行力。华为具体的目标分解方法如图7-2所示。

图7-2 华为的目标分解方法图

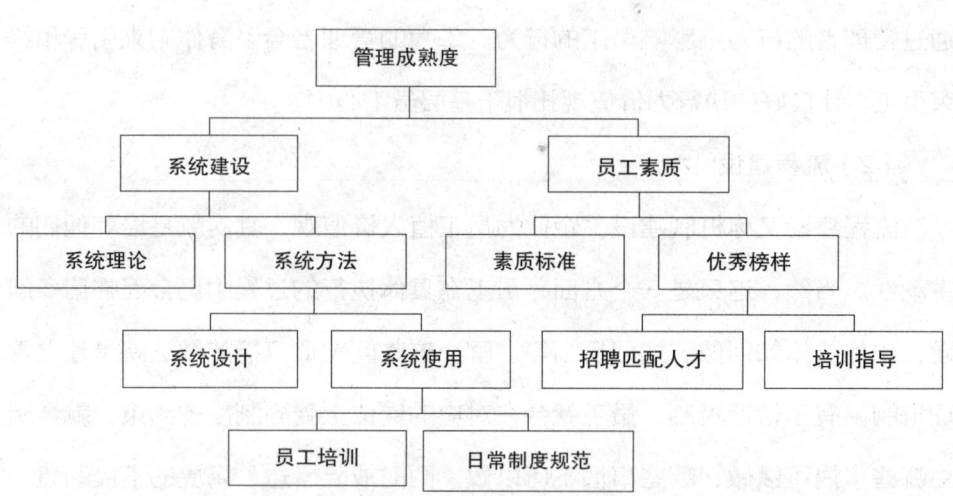

其次是沟通机制。让员工充分认识并理解企业的战略目标少不了直接的沟通。上级向员工分配任务和员工向上级反馈问题都需要沟通。华为的做法是在管理者与员工之间建立一种沟通机制。华为深刻地认识到这样的事实：员工在工作中遇到的问题若得不到及时解决，往往会影响他们的积极性，员工积极性受挫工作效率就会降低，工作效率降低，执行力也会降低。为此华为建立了一种双向沟通机制，在这种沟通机制下，上级和员工之间可以进行有效沟通。这样一来，上级可以有效监督员工的工作进度并及时发现问题；

同时员工也能及时向上级反馈工作问题。

(3) 考核评价

提升员工的执行力是一个日积月累的过程。一方面企业要培养员工的主动性，另一方面企业也要为员工建立制度约束。另外，定期对员工进行考核，实行优胜劣汰的奖惩机制，可以保持企业团队的优质性，确保团队拥有强大的执行力。

为此，华为建立了考核激励机制，该机制主要分为两部分：绩效管理和激励管理。

第一，绩效管理。

在华为，为防止员工产生惰性，企业每个季度都会对员工进行考核。华为对员工的考核以目标为导向，不仅有利于提高员工的执行力，还有利于培养员工的自我管理意识、加强员工内部的自我管理。

图7-3 华为年度考核周期图

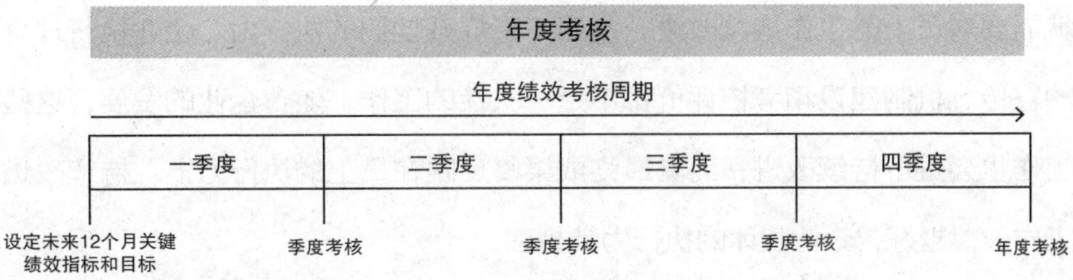

年度考核			
年度绩效考核周期			
一季度	二季度	三季度	四季度
设定未来12个月关键绩效指标和目标	季度考核	季度考核	季度考核 年度考核

第二，激励管理。

华为激励员工的方式大致可分为两种：一种是精神激励，一种是物质激励。精神激励包括评比优秀员工、赋予执行力较强者以荣誉等方式。物质激励一般通过直接加薪、分发奖金和分配股票等方式为员工提供奖励。激励管理的目的在于提高员工的工作积极性和执行力。具体按照评价等级来进行相关操作，如表7-1所示。

表7-1 华为考评等级表

考评等级	比例	奖金	股票	加薪
A	10%左右	↑↑	↑↑	↑↑
B+	40%左右	↑	↑	↑
B	40%~50%	↑	—	↑
C	5%~10%	—	—	—
D	5%左右（需特别评判）	可能被劝退		

（4）持续改进

员工执行力的提升是没有止境的。因此，企业要保持持续发展的态势，就需要对员工的工作持续改进，从而不断提升他们的执行力。企业执行理念的宣传、机制建设和考核评价都不是一次性的工作，随着企业的发展，这些工作也会进行持续改进，而其最终成果将反映在员工的执行力上。持续改进工作做得越好，企业整体的执行力就越强。

一直以来，华为都坚持结合企业的实际情况不断完善各项制度，及时梳理和纠偏，让执行力文化深入人心，形成良好的自动循环系统。

企业文化是一个公司的灵魂，也是员工执行力的保障。从企业文化入手，将价值观化为执行力，将主动性化为效率，这是每个优秀企业都需具备的基本能力。

第八章　战略执行：BLM模型"执行"部分实操

任正非说：

我之前总结的"击毙本·拉登"事例，主要讲未来管理体系要做三件事：（1）前方是项目经营：有目标清晰的行动中心。24人的海豹突击队有明确的项目目标，他们的"少将班长"相当于我们的项目经理。（2）中间是被呼唤炮火、有效率的平台：在传递过程中，能使前后方信息、物资全部贯通，能呼唤无人机。由卫星、航空母舰、通信系统等组成的服务平台。（3）后方是清晰的决策及监控中心：前方活动过程清晰透明，确保前方按业务规则进行。

（任正非：关于"严格、有序、简化的认真管理是实现超越的关键"座谈的纪要，总裁办电邮讲话〔2014〕028号）

"战略执行"可以简单理解为计划的实施。BLM模型是华为引进的先进的业务领先模型，该模型是华为战略执行的统一框架。按照这一框架，华为的战略可以顺利地落地执行，实现战略向利润的有效转化。

BLM模型"执行"部分主要包括四个方面：关键任务、组织体系、人才供应和氛围文化。对企业来说，关键任务不仅是完成战略目标的核心和关键突破点，也是企业对员工工作的有效考核工具。组织体系是战略执行的坚实保障。任何已经取得一定成就的企业都必定拥有一个配套的组织体系。对某个企业有效的组织体系不一定对另一个企业也有效，真正优秀的组织体系一定是适合这个企业的。因此构建组织体系时一定要从企业的实际出发，因为适合的才是最好的。人才是企业发展的支柱，没有人才的参与，任何企业战略都难以落地执行。了解华为的人才观，有助于帮助企业打造核心人才供应链。企业的文化氛围可以帮助企业创造价值，没有企业文化的企业往往是不能长久发展的。

1.关键任务：战略解码确定关键任务

企业在实现战略目标的过程中会涉及诸多要素、流程和节点，在它们之中一定有一项可以作为企业完成目标的核心或关键突破点，而这个核心或突破点就是企业的关键任务。华为总裁任正非曾经将华为的关键任务总结成两点：一是对运营商市场的突破，二是对中央城市市场的突破。

关键任务的另一个解释是关键工作任务。在战略解码过程中，华为会利用关键任务来衡量员工那些难以量化的工作的完成情况，因此，关键任务又可看作是对员工工作进行考核的方法或工具。

在华为，考核者会在考核员工之前与员工商定未来考核的主要工作和最终应取得的成果。一旦考核期结束，考核者就会根据员工工作目标的实现情况来对他们的绩效进行考核评分。也就是说，关键任务在这里其实是一种绩效管理方式。员工的许多工作都可以作为一项关键任务进行考核，例如完成产品设计、完成产品的营销策划、成功组织重要会议、提前完成工作报告，等等。

华为的绩效管理系统中有两类考核指标：一类是关键绩效指标，也就是我们常说的KPI；一类是关键任务。这两种考核指标相互配合、相互补充，相同点是它们都是根据职员的工作职责和工作性质来设定的；不同点是关键绩效指标可衡量被量化的工作结果，而关键任务只能衡量不能被量化的工作结果，或者说前者考察的是当前绩效和经营结果，而后者考察的是过程性工作或工作的过程。

一般来说关键任务的来源包括：

第一，公司的战略目标、部门目标或员工的任务目标。

第二，企业不同时间段的重点工作计划。

第三，关键日常工作。

第四，绩效改进计划。

第五，岗位重要职责分解。

第六，重要协助工作。

根据不同标准，关键任务的考核方法主要分为以下五种：

（1）直接主观评分法

这种方法没有明确的评分标准，考核者甚至可以在不划分评分标准的情况下直接对员工进行评分。在一定程度上，考核者会根据自己对员工某项关键任务的掌握情况，通过主观感觉给员工打分。例如，在华为建立初期，某主管为一项关键任务制定的总分标准是100分，在考核员工时该主管根据自己的主观感觉，直接给参与关键任务的员工评了70分。直接主观评分法有利有弊，优点在于操作简单，缺点在于主观性较强。

（2）简单等级择一法

这种方法会在评测中建立简单的评分等级标准，如三级评分等级标准——优秀（1）、良好（2）、较差（3）；四级评分等级标准——优秀（100）、良好（90）、中等（80）、较差（60）；五级评分等级标准——优秀（Ⅰ）、良好（Ⅱ）、一般（Ⅲ）、及格（Ⅳ）、很差（Ⅴ）。其中，一个等级与一个分数或一个分数区间相对应，但评分等级标准没有具体的定义，也没有相关的描述。其操作方式与直接主观评分法相同，也是考核者根据自身对关键任务的掌握情况对员工进行主观而直接的简单评分。该方法的优点在于操作简便，缺点在于个人主观性较强。

（3）标准等级择一法

这种方法与简单等级择一法相似，不同点是它对评选标准进行了细化，不仅对评分等级标准给出了具体的定义，还对这些标准进行了详细的描述。考核者会根据员工对关键任务的完成程度和工作结果来对其进行考核评级。例如，华为曾为员工制定过五等级绩效评分标准，其划分的等级分别是远超目标、略超目标、达成目标、略低目标和远低目标。在以此种评分标准给员工打分时需要考核者参照关键任务的达成程度。相比于前两种评分标准，这种方法更加标准化，它不仅拥有明确的评价等级，还拥有详细的评分标准，适合大多数企业。

表8-1　五等级关键任务绩效等级评分标准

达成程度	标准描述	考核评分
远超目标	实际表现显著超出目标要求。在目标要求所涉及的时间、质量、数量、效果等方面都取得特别出色的成绩。通常具有下列表现：提前完成任务，超额完成目标的数量，完成目标的质量明显超越规定的标准或得到充分认可，得到外部或内部客户及领导的高度评价等。	120分
略超目标	实际表现达到目标要求或部分超过预期目标要求。在目标要求所涉及的时间、质量、数量、效果等方面都取得比较出色的成绩。通常具有下列表现：严格按照规定的时间要求完成任务或提前完成任务，完成目标规定的数量要求或超额完成，完成目标规定的标准或超越标准，得到外部或内部客户及领导的认可和满意等。	110分
达到目标	实际表现基本达到预期目标要求，无明显失误。在目标要求所涉及的时间、数量、质量、效果等方面达到规定的标准，没有出现外部或内部客户及领导不满意的情况。	100分
略低目标	实际表现与预期目标要求存在差距，出现不足或失误。在目标要求所涉及的时间、数量、质量、效果等方面未达到规定的标准，存在疏漏，出现外部或内部客户及领导不满意的情况，偶尔有非重大投诉。	80分
远低目标	实际表现与预期目标要求存在较大差距，出现重大失误，在目标要求所涉及的时间、数量、质量上明显没有达到规定的工作标准，经常出现外部或内部客户不满意的情况，经常有严重投诉。	60分

（4）三维等级择一法

三维等级择一法的考评维度更加细化。

一般来说，它会将关键任务分为多个维度进行评价，比如关键任务的完成质量、完成关键任务的及时性以及完成关键任务过程中的努力程度等。考核者需按照关键任务完成结果和具体情况对员工进行多维度的评分，最后按照各维度的评分比重进行综合评分。

关键任务考评分数的计算公式为：关键任务综合得分=完成质量评分×50%＋及时性评分×30%＋努力程度评分×20%。这种评分标准更加公平公正，但操作相对烦琐。

表8-2 关键任务考核表基本格式

序号	任务/工作/项目名称	计划目标、输出结果及评估标准	计划完成时间	权重	关键任务完成结果		关键任务考核评估		
					完成结果描述	实际完成时间	考评维度	维度评级	考评得分
							完成质量		
							及时性		
							努力程度		

第三篇 战略执行：为什么BLM模型可以连接"战略"和"执行"

表8-3 单项关键任务考评维度及评分标准

	远超期望（120分）	略超期望（110分）	达到期望（100分）	略低期望（80分）	远低期望（60分）
完成质量（50%）	工作质量完成优异，远远超出预期目标（或工作完成质量达到目标期望的120%以上）	工作质量能够按照要求完成，略有超出预期目标（或工作完成质量达到目标期望的110%~120%）	工作质量能够按照要求完成，能达到预期目标（或工作完成质量达到目标期望的100%~110%）	工作质量基本能按照要求完成，基本达标但略有不足（或工作完成质量达到目标期望的80%~100%）	工作质量不能按照要求完成，与期望目标存在较大差距（或工作完成质量未达到目标期望的80%以上）
及时性（30%）	在保证工作质量的前提下至少能够提前3天（或提前总工作时间的20%以上）完成工作目标	在保证工作质量的前提下，能够提前2天（或提前总工作时间的10%~20%）完成工作目标	在保证工作质量的前提下按时完成工作目标，或工作质量略显不足但能提前1天完成（或提前总工作时间的10%以上）	在期限上延迟1~3天完成（或延期总工作时间的20%以上）或者能够提前或按期完成，但工作完成质量存在很多不足	在期限上延迟3天以上（或总工作时间的20%以上）才能完成，或者能够提前或按期完成，但工作完成质量远不能达到质量要求
努力程度（20%）	工作中尽心尽职，无论遇到多大困难，都能寻求各种可能的方法，全力以赴	在工作中尽心尽职，遇到非常大的困难时，行动会有些迟缓，但是能够尽力完成	能够主动开展工作，能够主动解决各种问题，但遇到非常大的困难时，会不知所措，甚至有放弃的想法	大部分时间能够开展工作但不够主动，有时不能主动去寻求各种方法解决问题，遇到困难时，会选择放弃或不知所措	大部分时间不会主动开展工作，即使在上级的督导下，仍不能主动去寻求方法完成工作任务，经常怠工或刻意拖延工作进度

（5）任务目标标准法

这种方法主要适用于较复杂的、任务目标较多的关键任务。在利用任务目标标准法对员工进行考核评价时，考核者需按照质量、数量、成本、时间和满意度等分类方式对任务目标的交付成果进行细化或标准化，也可以按照工作结构对关键任务的完成度进行细化或标准化。之后，再根据任务目标的重要性赋予权重。接着，再利用标准等级择一法对任务目标的结果进行考评，最后按比例综合计算考评分数。

例如，将成功组织一场重要会议看作一项关键任务，这一关键任务的任务目标可细化为：完成会议的方案制定、完成紧急状况预案、完成会议现场的布置、完成会议前的准备工作、组织会议的召开、股东对会议的评价。然后按照一个特定因素分别对目标任务进行考评。在具体的考评中需要注意以下事项：

第一，一个任务目标对应一个考评因素，目标因素之间的决策不能相互影响。

第二，在整个考评周期中，对员工的所有业绩进行考评，避免对单个事件进行考评。

第三，针对多数人的同一任务目标进行考评。

在不同的发展阶段，华为多少都使用到了以上几种考评方法。这些方法的实用性较强，分别拥有各自的优、缺点，企业需要根据自身实际合理选择适合自己的考评方法，同时也要根据公司的发展情况对考评方法做适当调整。

表8-4　五种关键任务考评方法对比分析

考评方法	适用任务的复杂度	可操作性	考评效果	适用企业
直接主观评分法	适用于目标单一的关键任务考评，不太适用于任务目标超过两个以上的关键任务考评。	操作简便，具有很强的操作性。	考评主观性非常强，通过评分结果很难看出该项任务是否达到预期目标，只可得出考评分数，员工无法得知任务完成结果是否达到了预设的目标。	中小型企业或内部管理不规范的企业、强调主观评价的企业。
简单等级择一法	适用于目标单一的关键任务考评，不太适用于任务目标超过两个以上的关键任务考评。	操作简便，操作性较强。	考评主观性较强，能体现出考核评分的等级差异，能够让员工粗略地知道任务完成结果达到预设目标的程度，但不够清晰、规范。	中小型企业或内部管理不规范的企业、强调主观评价的企业。
标准等级择一法	适用于任务目标明确且不过于复杂的关键任务考评。	操作复杂度适中。	考评效果较好，既能体现出考核评分的等级差异和任务目标完成的程度，又能让员工清晰地知晓任务目标的完成程度。	适用于各类企业。
三维等级择一法	适用于任务目标明确且不过于复杂的关键任务考评。	操作较复杂。	考评效果比"标准等级择一法"更好，既能够体现出考核评分的等级差异，又能让员工清晰地知晓任务目标的完成程度，同时从三个不同维度进行评价，能够全面评估员工的任务目标完成情况。	适用于各类企业。

续表

考评方法	适用任务的复杂度	可操作性	考评效果	适用企业
任务目标标准法	适用于任务较复杂或目标较多的关键任务考评，特别是项目性工作任务。	操作较复杂。	对项目性工作任务或任务目标较多的关键任务考评效果较好，能够从多维度进行评估。	适用于各类企业，特别适用于研发、IT等以项目工作为主的企业。

2.组织体系：战略执行的坚实保障

华为刚成立时采用的是直线式管理结构，主要原因在于当时的华为员工较少，部门单一，产品类型比较集中，组织结构非常简单。直线式管理结构是中小型企业普遍采用的一种组织体系。华为根据成立初期时企业的实际情况选择了这种组织体系，确保了权力集中，避免出现企业因权力失控而中途夭折的状况。

后来，华为的业务不断增多，组织也不断壮大。面对新形势，旧的组织体系已经不再适用，华为急需组织结构改革。在改革中，华为重新进行了权力分配，形成了系统部的"铁三角"阵型，这是华为组织改革的开端。良好的开端是成功的开始，30年来，随着环境的变化，华为不断地调整自己的战略，并根据战略不断优化自己的组织结构。2016年，华为的销售额达到5000多亿元，成为中国企业中的佼佼者。

自华为建立以来，其组织结构主要经历了以下四个阶段：

(1) 直线型组织结构和直线职能型组织结构

1987年，华为成立。成立之初，包括任正非在内，华为只有6名员工。1991年，员工规模发展到20多个。公司出现的一切问题都是由员工直接向任正非汇报。这时华为采用的是直线型的组织结构。1992年，华为员工人数达到200余人，销售额破亿元；1994年，员工人数达到600多人，销售额破8亿元。随着环境变化，华为进行了组织结构改革，抛弃了原来的直线型组织结构，采用直线职能型组织结构。

此时，华为不仅在业务方面有了流程部门，也在产品研发、生产和销售等环节有了流程部门，比如行政管理部门、财务部门等。

图8-1 华为直线职能型组织结构图

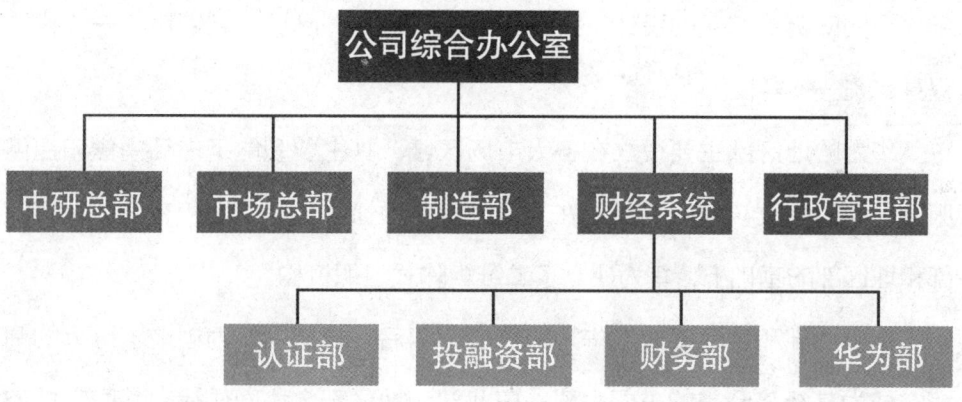

(2) 二维矩阵式组织结构

1995年，华为员工规模达到800人，销售额达到15亿元。

1998年，员工数量增长了近10倍，销售额接近90亿元。

从1995年开始，华为销售额连续五年快速增长。

2000年，其销售额已经突破200亿元。

华为的战略

这一阶段，华为的产品逐渐朝着多元化方向发展，产品类型包括移动通信产品、网络传输产品等。与此同时，华为还致力于为客户提供通信解决方案等定制化服务。

这一阶段，华为的直线型组织结构不再具有优势，相反，这种组织结构开始对华为的发展产生诸多不良影响。由于缺少专门的职能结构，华为管理者开始不堪重负，各部门的协调也变得越来越困难。一成不变的组织机构严重影响了华为的进一步发展。

在这种情况下，华为的管理改革开始了。华为先从划分小经营单位着手，先后建立了事业部和地区部。华为的事业部由领导者充分授权，实行独立运营与核算，拥有自主经营权。同时，事业部作为产品和市场责任单位，可以带领整个团队负责产品的设计、生产和销售，对从产品设计到销售的一体化流程具有统一领导权。

华为的地区部主要设立在各大市场区域，其主要职能是产品销售和提供服务。华为建立该部门的目的在于最大限度地抓住地区市场和客户。在事业部和地区部的基础上，华为建立了二维矩阵式组织机构。

自事业部和地区部成为华为的核心部门后，它们为华为创造了巨大的利润，成为其经济利益的主要来源。事业部和地区部会协同作战，共同完成市场目标，而不同事业部之间也能协同工作。华为总部负责指导和监督各事业部、地区部和业务部门，并对重大问题进行决策控制和服务，同时还会对企业资源进行管理和分配。

图8-2 华为二维矩阵式组织结构图

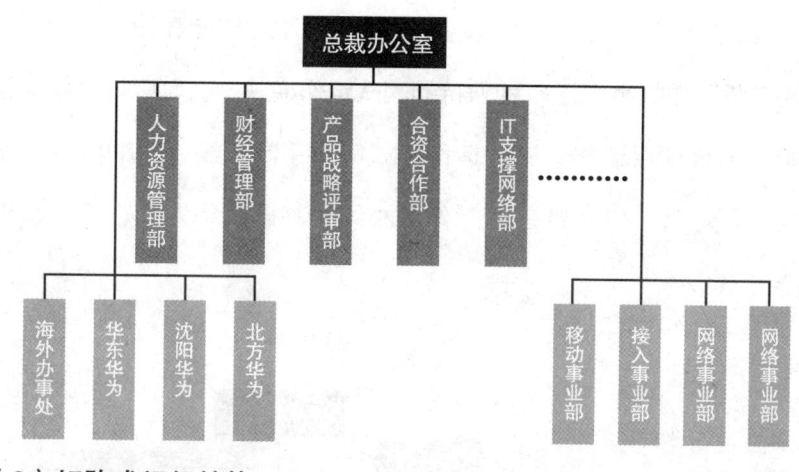

（3）矩阵式组织结构

2003年，华为的销售额更上一层楼，达到300亿元。2009年，华为面临新的市场环境，开始酝酿新一轮的改革。面对新的挑战，华为市场业绩再次飘红，合同销售额超过300亿美元。随着企业的快速增长，华为内部开始进行组织结构改革。

在未改革之前华为的组织规模不断变大，决策机构尽管拥有很多权利和资源，却逐渐远离了市场。为了控制运营风险，华为的决策机构为企业设置了许多控制流程点，但却始终不愿将权力分配出去，因此导致了许多问题。例如，一线团队在寻找目标和机会方面、将机会转化为实际结果方面所用的时间缩短了三分之二，而在与上级平台的沟通、协调方面耗费了大量的时间。也就是说，随着华为的市场不断变大，指挥链的不断拉长，一旦出现好的机会，用于调动资源的时间会越来越少。若只依赖决策机构来作决策只会延误"战机"，所以就需要决策机构分给一线团队更多的决策权，以应对不断变化的市场形势。

华为的战略

为了解决这个问题，任正非的决策是成立"铁三角"作战小组。"铁三角"作战小组共有三个成员，分别是客户经理、方案专家和交付专家。

"铁三角"作战小组是一种独特的团队运作模式，它可以打破职能壁垒，让团队始终围绕项目运作。这种运作模式解决了向一线团队的授权问题，保障了战略执行落地。以"铁三角"作战小组为基础，华为的矩阵式组织结构逐渐成形。

图8-3 华为矩阵式组织结构图

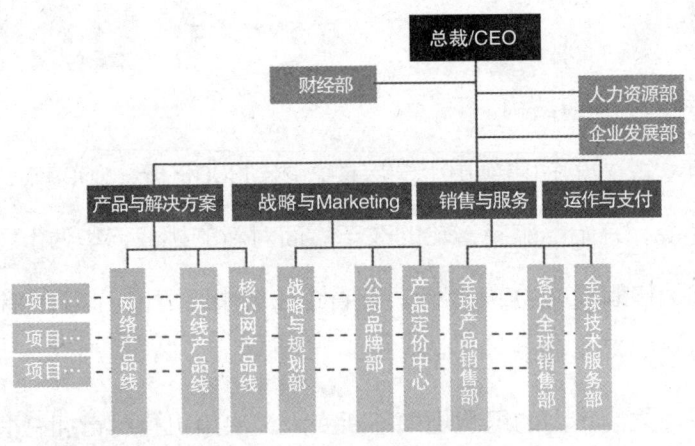

（4）动态矩阵式组织结构

自2013年起，华为形成了动态矩阵式的组织结构。作为一家多元化企业，目前华为共有三大业务体系：运营商业务体系、企业业务体系和消费者业务体系。这三大业务体系也是华为动态矩阵式组织结构的基础。未来，华为将持续保持这样的组织结构，由于这一组织结构是动态的，所以它会跟随华为战略的调整而变化。当华为面临外界挑战时，这一组织网络就会收缩、叠加，进行内部简化；当华为面临机遇时，这一网络又会向外打开，进行规模扩张。不管外界如何变化，整张组织网络都会保持动态平衡。

战略和结构是相互作用的，华为用30年发展历程很好地诠释了这一理念。随着华为阶段性战略的调整，其组织结构也在不断变化，从原来的直线型组织结构到现在的动态矩阵式组织结构，华为成功地完成了一系列的组织结构变革。

对企业来说，最好的模式也是最适合自己的模式。企业只有从自身实际出发，从行业实际出发，不断探索适合自己的模式，不断创新组织体系，才能使战略执行落地并获得持续发展的动力。

图8-4　华为动态矩阵式组织结构图

3.人才供应：打造核心人才供应链

科技创造未来，科技是第一生产力。与其说现代企业的竞争是科学技术的竞争，不如说是人才的竞争。华为的成功不仅在于其掌握了核心科技，还在于拥有出色的人才管理能力。

目前，华为的员工数量已经突破18万，其中，90%以上是高素质、高学历的知识型员工。仅在5G技术研发领域，华为就拥有数千名高端技术人才。随着华为在战略上的不断成功，华为的人才战略也越来越受到各类企业的关注。

"宰相必起于州郡，猛将必发于卒伍"，华为在人才管理方面不仅具有丰富的经验，同时还具有较高的创新意识。基于这些原因，华为践行的人才管理金句也频频被各类企业采用。

那么华为具体是根据哪些原则和理念来打造自己的核心人才供应链的呢？

通过我们的总结，华为在人才供应方面一直坚持以下七大人才观。

（1）唯有知识型人才才能挖掘更多的资源、创造更大的价值

华为对知识型人才尤为重视。在华为人眼中，公司今天取得的成就主要是由知识型劳动者创造的。华为一直采用不上市策略，因此它至今没有直接的融资渠道。从这一点可以看出，在华为的价值创造中，资本仅占次要地位。那么真正能为华为创造价值的又是哪种要素呢？

只要我们认真审视华为的人员结构便能很容易回答这个问题。目前，在华为18万员工中，研发人员占到了45%，在如此庞大的员工基数面前，这一比例的研发人员数已经足够惊人了。

因此，真正为华为创造价值的主要是那些知识型员工。华为总裁任正非十分清楚知识型员工的价值，他曾指出："华为没有可以依存的自然资源，唯有在人的头脑中挖掘出大油田、大森林、大煤矿……"由此可见他对知识型人才的重视。

（2）与财务资本增值目标相比，人才资本增值目标处于优先位置

一直以来，华为追求的都是长期、可持续发展。因此短期利润最大化、股东价值最大化都不是华为的首要目标，华为的首要目标是让企业获得长期、有效的增长。

华为坚信只有优先进行人力资本投入，企业才能获得财务资本的增长，也才能获得更高的投资回报。所以，华为一直将人力资本投入放在优先位置。人力资本涉及的范围较广，员工的数量、技能、教育水平、合作能力、创新能力、学习能力、生产能力等都属于人力资本。

相比于短期损益，华为更加注重长期效益。例如，大量招收人才虽然会损耗企业当前的资本支出，但是华为对真正的人才是来者不拒的，因为人力资本的超前投入注重的是抓住人才，而抓住了人才就相当于抓住了机会，这对企业的长期效益来说是价值无限的。

（3）放眼全球，广纳人才

华为的人才引进绝不局限在国内，事实上，目前的华为已经引入大量国外人才。作为一家全球化公司，华为放眼全球，广纳人才。例如，华为的财经部门现有来自世界各大名校的优秀国外毕业生数百名，同时在2016年，华为财经体系又面向国外招聘了300多名优秀毕业生。华为精挑细选，从国际名校选拔出许多专业、优秀的人才，他们的吃苦精神和珍惜意识与华为的价值观不谋而合。由于他们的加入，华为的员工队伍变得更加多元化，华为团队的包容性和创新性也获得了极大的提升。

（4）以奋斗者为本

"以客户为中心，以奋斗者为本，长期艰苦奋斗"，这是华为企业文化的

一部分，也是华为的核心价值观。

什么是"以奋斗者为本"呢？华为给出的答案非常朴实，即：不让奋斗者吃亏，给予奋斗者和奉献者奖励。华为总裁任正非认为员工在华为改变命运的方式有两个：奋斗和贡献。企业不能让奋斗者和贡献者吃亏，这是华为企业文化的重要组成部分，因此要让其落实到员工考核与价值分配的细节中去，让奋斗者和贡献者受益。

（5）既要尊重个性，又要兼顾集体奋斗

集体奋斗是华为文化的内核，华为将其形象地描述为"胜则举杯相庆，败则拼死相救"。身为华为的员工，必须融入华为的整个团队，这样才能大有作为。"蓬生麻中，不扶自直"。华为不仅强调集体奋斗，同时也尊重员工个性。集体奋斗是一种优秀的文化氛围，在这种氛围里，员工的个性可以得到充分展现，个人的潜能也能得到充分发挥，而这又将反过来促进集体走向卓越。

（6）用人所长，避人之短

是英雄，无须问其出处。人的优缺点是同时存在的。华为用人的原则是：用人所长，避人之短。在提拔人才时，华为更多的是关注员工的优点、能力和业绩，而很少将他们的资历、学位和出身看得过重。一切以结果为导向，以发挥员工优势为导向。华为之所以敢于大胆使用和提拔年轻人，正是出于这个原则。

（7）为高素质人才增加幸福感并提供个人成长机会

华为通过内部调查发现，素质越高的人越注重个人成长，同时也越注重工作的意义。华为人之所以愿意为企业牺牲、愿意为企业艰苦奋斗，主要在于以下三个原因：

一是，华为能赋予员工及其家人幸福感。奋斗者和奉献者都能从华为那里获得丰厚的物质回报。根据相关调查，华为的薪资在业内处于顶尖水平。华为的优秀员工不仅能获得企业给予的丰厚奖金和福利，还能获得晋升机会和股票分配。据不完全统计，华为现在的持股员工超过8万人，他们每年获得的股票分红也是一份可观的收入。

二是，华为能获得员工的高度认同。在华为，员工高度认同企业的使命和愿景，他们愿意为华为的远大目标而奋斗。每当企业取得巨大成就时他们更会为企业感到自豪。

三是，华为能给员工带来挑战和乐趣，让他们在创造性的工作中获得成就感并实现自我价值。华为那些极具挑战性和创造性的工作不仅给员工们带来无尽的挑战，同时也能给他们带来无与伦比的乐趣。员工们坚信华为能改变世界，为华为工作就是在改变世界。

4.氛围文化：全力创造价值的企业文化

为什么要向华为学习？因为华为是一个伟大的企业，它在业内取得的成就几乎能让所有同类企业仰望。众所周知，华为是福布斯全球500强企业，在国内同类企业中，很少有企业的国外收入能超过国内业务收入，而华为早在2005年便成功实现了这个伟大的目标。2012年，华为的营收超过爱立信，成为全球电信设备制造业的领导者。2014年，华为的销售额达到465亿美元

（年报收入）；2016年，其营业额达到5200多亿元。

华为成功的原因有许多，但最值得肯定的原因在于它拥有充满特定价值观的企业文化。华为的核心企业文化有哪些呢？总的来说，有以下四点：

（1）成就客户

作为华为的优秀领袖，任正非非常重视客户的需要，始终将客户放在首位，据此他向员工提出了明确的奋斗目标：为成就客户而努力。华为的运营始终以客户为中心，这是其一直坚持的理念。

尽管许多企业也有着同样的理念，但它们很少能像华为一样将这一理念落到实处。想和做是两码事。华为真正做到了围绕客户展开工作，所以才能在激烈的竞争中脱颖而出。在华为创立之初，任正非给员工提出的第一个要求就是以客户为中心，成就客户。

在华为的发展史上，体现其成就客户的例子有很多。例如，中国偏远地区的电线网络曾经常受到老鼠的破坏，许多线路被老鼠咬断，客户因此无法继续使用网络。一些为这些地区提供服务的跨国公司认为解决这一问题不在它们的工作范围内，需要客户自己想办法。但是，华为认为这是自己的责任，它们选取特殊材料积极开发坚固设备和防啃咬线路。最后，华为不仅为客户解决了问题，还在研发更可靠设备和线路方面积累了宝贵经验。

为满足客户需求，成就客户，华为还克服严峻气候的挑战，在喜马拉雅山设立了世界最高的无线通信基站，在北极部署了第一个GSM网络。另外，为满足欧洲客户的需求，华为还创新设计出了分布式基站。

（2）艰苦奋斗

艰苦奋斗是中华民族的传统美德，也是华为一直强调的核心文化之一。

对华为人来说，唯有艰苦奋斗，企业和个人才能获得成长，才能抓住来之不易的机会。例如，华为刚成立时，每当有新员工入驻，公司就会为他们提供毛巾和床垫，并允许他们在办公室睡觉。因为那时华为的员工需要经常加班，一些人甚至会加班到深夜，这样做可以让员工有更多的时间休息。

在华为，垫子曾是努力工作的象征。如今，华为提倡的不再是加班，而是将工作做到极致。同样是艰苦奋斗的精神，其方向已经发生改变。

员工是企业发展的支柱，艰苦奋斗的员工能使企业获得人才优势，更具竞争力。很多企业也弘扬艰苦奋斗的精神，但它们只是空喊口号，很少有企业能像华为这样，不仅能让员工接受这一价值观，还能将这一价值观变成指导他们工作的理念。

华为将艰苦奋斗的价值观落实到员工激励体系中，并营造了"以奋斗者为本"的良好文化氛围。

华为是一家没有上市的公司，它的股票除了由股东持有外，还会分配给优秀员工。2014年，华为分配给员工的股份占总股份的1.4%，受益员工超过82000多人。任正非认为，员工持股制度可以使企业与员工共同承担责任和分享利益，有利于企业的可持续发展。事实上，当员工们成为华为的"老板"，自然愿意与公司同呼吸、共命运。

企业上市有利有弊，华为坚持不上市主要是由于它的价值观与大多数企业不同。企业上市可能给一部分人带来巨大利益，但是也可能使大多数员工失去工作积极性。这或许就是华为坚持不上市的主要原因，华为希望通过员工持股制度来激发员工的工作积极性，让员工通过集体奋斗为企业谋求更好的未来。或许上市适合大多数企业，但绝不适合现在的华为。

（3）高瞻远瞩

华为具有高瞻远瞩的格局和眼光。对它来说，员工持股制不仅能帮助企业吸引人才和留住奋斗者，同时还有利于企业做出更长远的规划。在任正非看来，员工持股制可以凝聚员工，让员工不断向着企业的目标努力奋斗，不断为了企业更长远的愿景尽心尽力。

举例来说，华为通常会制定长期发展计划，比如华为的5年规划、10年发展方案都十分具有代表性。相反，与华为同类的企业，如爱立信往往是按照季度和年度制定财政计划。华为追求的是长期、可持续发展，这种价值观非常契合其民营企业的身份，而同类企业更关注短期营收，因此它们会跟随资本市场的变化不断进行短期调整。

华为的高瞻远瞩还体现在它的CEO制度。华为采用的是轮值CEO制度，其CEO是3人轮流担任，具体做法是每六个月就会从3名副董事长中选择一人任职CEO。任正非会对新任CEO进行指导和训练，除了担任导师和教练外，他还具有否决权和弹劾权，可以在重大决策上对CEO进行校正或纠偏。这种CEO制度既能集众人之智慧管理公司，又能保证企业的基本发展方向，充分体现了华为的创新精神和高瞻远瞩的企业智慧。

（4）审慎决策

在重大战略上，华为一向是非常谨慎的。一般来说，华为不会在很短的时间内对重大战略做出最终决策。任正非主张审慎决策，他更愿意在重大战略问题上多花些心思和时间。对他来说，在决策之前进行一定的反思始终是必要的。

华为的决策风格与它的员工持股制度和轮值CEO制度紧密相关。正是因因为有了员工持股制度，华为才能将企业的决策权把握在自己手中，才能避免外部投资者左右企业决策。同时，这一制度也能减小市场对华为的影响，让华为在未来规划方面拥有更大的自由。此外，轮流CEO制度也有助于华为审慎决策，并让华为的企业决策变得更加科学和民主。

华为非常重视思考的力量，并十分强调企业的自我思考能力。每隔一段时间华为都会组织一些知识交流活动。另外，在华为大大小小的办公室里陈列着许多书籍，华为人重视阅读，不管是阅读专业内的书籍还是阅读专业外的书籍都是备受鼓励的。华为重视自上而下地向员工传达企业的战略思想，同时也重视自下而上地向企业高层传达员工的反馈。上传下达和及时反馈可以有效地完善高层思想，有利于企业做出正确的决策。这也是华为审慎决策的重要表现。

任正非曾经是一名军人，在部队养成的良好习惯和优秀品质使他在企业领导者的岗位上更加游刃有余。作为一名合格的企业领袖，任正非一直非常喜欢"胜则举杯相庆，败则拼死相救"这句名言，不仅如此，他还时常将其作为引导员工的口号。这或许也是华为企业文化的核心部分。

第四篇

战略复盘：先僵化，后优化，再固化

第九章 战略复盘：战略落地闭合的最后一环

任正非说：

我们要用制度化来约束公司发展，有制度化的监控来约束，并有了增强核心竞争力的目标，才能缩短与西方公司的差距。（来源：《大树底下并不好乘凉》，1999）

要把可以规范化的管理都变成扳道岔，使岗位操作标准化、制度化、简单化。就像一条龙一样，不管龙头如何舞动，其身躯内部所有关节的相互关系都不会改变，龙头就如营销，它不断地追寻客户要求，身体就随龙头不断摆动，因为身体内部所有的相互关系都不变化，使得管理简单、高效、成本低。按流程来确定责任、权力以及角色设计，逐步淡化功能组织的权威，组织的运作更多的不是依赖于企业家个人的决策。（来源：《华为公司的核心价值观》，2007年修改版）

华为的核心价值观中，很重要的一条是开放与进取，这条内容在EMT讨论中引起了较长时间的争议。华为是一个有较强创新能力的公司，开放难道有这么重要吗？由于成功，我们现在越来越自信、自豪和自满，其实也在越来越自闭。我们强调开放，多向别人学习，我们才会有更新的目标，才会有真正的自

我审视，才会有时代的紧迫感。（来源：《开放、妥协与灰度》，2010）

复盘是战略和执行的基石。想和做是两回事，同样战略和执行也是两回事。在制定战略和执行战略之后，企业一定要回头看一看原来的预期与执行的结果有哪些不一致的地方。审视企业的预期与实际有哪些不同，找出其中的原因，再去制定解决的办法，这就是战略复盘。

许多企业只是制定战略，然后执行战略，接下来便没有下文了。这显然是一个垂直的结构，这种结构不利于企业认识到哪些战略实现了、哪些地方需要纠偏、哪些地方需要改进等诸多问题。然而，企业若能进行战略复盘，就可以很好地实现战略落地闭环。因为战略复盘是战略闭环体系的最后一环。有了这一环，战略体系就能实现循环，形成一个有反馈、可纠偏、可改进的结构。这种结构会给企业的发展带来巨大的帮助。

1.灰度管理：坚持开放、妥协、灰度

任正非说："一个领导人重要的素质是确定方向和节奏，而他的水平就是合适的灰度。"

开放与进取是华为核心价值观中的重要内容。尽管在很长一段时间内华为的经营管理团队对此争议不断，但依然动摇不了它在华为核心价值观中的地位。众所周知，华为的创新能力非常强，至少与国内的大多数企业相比确实如此。但是创新能力强并不代表不需要开放，也不意味着开放不重要。实

际上，成功不仅使华为人变得自信，让他们充满自豪感和成就感，同时也给他们带来自满和自傲，让他们越来越自闭。

华为能清楚地意识到这一点，并对自身实际情况进行审慎和反思。所以，华为才会强调开放。有人说，华为已经足够强大，不需要开放。实际上，只有开放，企业才能拥有未来。一直以来，华为都强调可持续发展，而开放便是其可持续发展的必经之路。

开放能给华为带来很多东西，比如它能使华为学到新知识，让华为获得新目标，帮助华为进行自我审视，给华为带来时代紧迫感。总之，开放可以让华为不至于故步自封。

华为一旦选择了正确的方向，便会坚定不移地走下去。而这主要源于它的妥协和宽容。方向和节奏是一个领导者必备的重要素质，因此没有方向和节奏的人是无法成为一个优秀的领导者的。而更为重要的是，领导者需要拥有合适的灰度。

在企业的发展中，并不是所有事情都是非黑即白、非此即彼的，有时候还会出现一些灰色地带。企业要拥有一个清晰的战略方向就需要冲破这些灰色地带。

有时，一个方向是清晰的，但是随着时间和空间的变化，它时常又变得不再清晰。所以企业管理中掌控合适的灰度便是掌握了影响企业发展的各种要素。将这些要素放在一起，并让它们在一段时间内处于和谐状态，这种过程便是妥协。唯有妥协才能成就和谐。如果每一个人都斤斤计较，而不学会妥协，那社会便不会和谐。同样的道理用在企业管理中也是如此。实际上，和谐的结果正是灰度的原型。

华为绝不会做为变革而变革的事情，为了避免非黑即白的管理，华为采用了"灰度管理"的模式，强调管理要适合企业实际。在具体实践中，任正非提出"七个反对"用以支撑"灰度管理"，它们分别是：

第一，反对完美主义。

第二，反对盲目创新。

第三，反对烦琐哲学。

第四，反对不顾全局的局部优化。

第五，反对缺少充分论证的流程运用。

第六，反对无全局观的主管主导变革。

第七，反对无业务实践的干部参与变革。

妥协的含义是什么？这个问题人人都懂，所以不必深究。如果管理者这样想就大错特错了。实际上，妥协的含义远非人们想象得那样狭隘，它的内涵和底蕴足以让它成为一门深奥的学问。另外，懂得妥协和运用妥协是完全不同的两码事。

华为不仅要求自己的干部学会坚持，也要求他们懂得必要的妥协。企业的变革如果太激进、太僵化、太苛刻，就不会达到理想的变革程度。如果管理者能用更多的时间来实践，必要时能采取收敛和妥协的态度，而不是急于求成、追求完美，那么企业的变革或许会变得更好一些。

总之，刻意追求非黑即白的状态，便是缺少灰度的表现。一个企业的领导者要拥有适当的灰度，才能让企业稳定、和谐发展。企业的方向不一定永远都是直线，在大方向不变的前提下偶尔出现曲线或是画一个圈儿，能为企业带来新的活力和机会。事实上，当我们远远地看着这条路线，便能忽略其中的曲折，因为它的方向始终指向前方。

企业的变革多种多样，比如为了实现分权制衡，将权力授予一线员工团队就是一种变革。但是，我们需要明白，变革可能使企业前后的战略发生重大变化，企业十年前的决策方向与现在的决策方向很可能早已不是同一个方向，其中必定涉及许多人、许多机会、企业前途、个人前途等问题。但是，无论是企业还是员工都需要适应这种变化，学会理解和宽容。

优秀的领导者都是宽容的领导者，因为领导者的工作性质决定了他们必须宽容。

一般来说，一项工作要么是与人打交道，要么是与物打交道。与物打交道的工作者若不宽容往往不会影响到工作，例如一个科学家只喜欢与实验仪器打交道，因此他对别人不宽容基本影响不到他的工作；一个机械操作员工作时只与机器打交道，因此他对别人不宽容或与别人合不来也不会对他的工作造成很大影响。然而，管理者的工作是与人打交道，在这里宽容的重要性便很容易显现出来。不宽容，管理工作便很难做好。所以任正非要求所有华为的管理者必须拥有宽容的品质。

每一个人都是独一无二的，所以人与人之间存在着许多差异，而宽容的本质就是容忍这种差异。管理者要依靠宽容将拥有差异的员工凝聚起来，让他们共同为实现组织目标和愿景而努力奋斗。只有在宽容的领导的带领下，不同性格的人才可能"心朝一处想，力向一处使"。

不妥协则无灰度。从一定程度上来说，妥协是宽容的一种方式。妥协不代表不坚持正确的方向，相反，妥协是为了更好地坚持自己的方向。当然，管理者本身对方向是不能妥协的。这里的妥协是指为了达成企业目标而做出的妥协。企业的战略目标是清晰的，但如果战略路线走不通，就需要领导者予以妥协。如何妥协？原来的直路走不通，绕个弯或许能更快达成目标，至少要比在原地踏步有益得多。企业运作是需要理性的，毫不妥协地"一头撞到南墙"是行不通的。

对一些人来说，妥协意味着软弱和不坚定，真正的英雄似乎总是毫不妥协的。实际上，这是一种没有灰度的思维方式，是一种非此即彼的处事态度，它认定了人际关系是没有妥协余地的。

在适当时机妥协或接受别人妥协是一种通权达变的智慧，这种智慧是务实的、理性的、灵活的，是每个领导者和管理者都应该具备的。不管对人还是对企业，要想生存依靠的始终是理性，意气用事只会把事情弄得更糟。

华为一直强调要就战略问题使上下达成共识。只有这样，战略执行才能实现落地，而妥协就是使各方达成共识的前提条件。或许妥协不是解决问题最好的办法，但在还未制定出更好的解决办法之前却是最合适、最有效、最迅速的办法。

妥协和放弃原则是两码事，它不是要求管理者一味地让步。实际上，它代表着一种合适的交换：面对主要目标，只有让次要目标做出让步，才能突出主要目标。所以明智的妥协是一种分清主次的让步，是一种以退为进的智慧，只有这样才能确保真正重要的目标尽快实现。

实际上，也存在不明智的妥协，这种妥协是缺乏权衡的表现。为了达到次要目标，毅然放弃了主要目标，或者为了成功而放弃健康，这些都是不明智的妥协。前者是不分主次，最终会导致无法实现真正重要的目标；后者是妥协的代价过高，往往使人得不偿失。

明智的妥协既是一种美德，又是一门艺术，它是管理者必备的素质之一。妥协的目的是实现双赢或多赢。妥协能够消除人们的怒气，将冲突平息；而绝不妥协往往是对抗的前奏，会把事情引向无法控制的田地。

华为的企业智慧主要体现在它的管理上，它要求每一个管理者都以开放、宽容和明智的态度学会妥协，只有这样才能达到灰度境界，才能对整个企业实行灰度管理，让企业在正确的方向和路线上走得更远。

2.制度化管理：企业要实现流程化、制度化、规范化

华为已经是一个成熟的企业，而对这样一个成熟的企业来说，它的核心竞争力主要来源于三方面：

第一，优秀的企业文化。

第二，高效的内部管理。

第三，资源整合能力。

其中，高效的内部管理是企业核心竞争力的重要来源，而企业管理的重点在于使管理趋于流程化、制度化和规范化。

华为的经验告诉我们，要想通过优秀的管理使企业走向成功，必须注重以下三个方面：

（1）优秀企业制度的建立

管理需要制度化，因此建立优秀的企业制度是必不可少的重点工作。要使团队具备较高的执行力，企业就要制定必要的制度和流程。一般来说，制

度和流程都具有固定性，这种固定性有利于管理细节的确立，同时固化的制度和流程也是保障较高执行力的基础。制度和流程不合理往往会造成企业战略计划拖延、方法不配套等情况，这样就可能导致工作结果与企业战略计划相差甚远。另外，管理者执行不到位也可能导致这样的结果。

因此，企业制定的制度和流程一定要符合管理工作的需要。只有制定正确的制度和流程，才能保障管理者和员工的执行力。完善的制度和简单的流程可以极大地提高员工的工作效率，使复杂的任务简单化、简单的任务规范化、规范的任务流程化。

（2）提高管理者的执行能力

一方面，企业要选拔那些具有较强执行力的人来担任管理者；另一方面，企业也要通过建立制度来保障管理者的执行力。如果企业管理者的执行能力较低，优秀的企业制度也能弥补这种不足；如果管理者本身的执行力不到位，或者管理者无法将管理思想和工作指导方法传递到位，那么很可能会导致员工懈怠和无法落实执行目标的情况。

所谓管理者的执行力，归根结底指的是管理者对管理工作的参与度问题。管理者需要积极参与到员工的工作过程中，紧抓工作细节，及时发现问题，并号召团队讨论、分析和解决问题。这才是管理者执行力的体现。由此可见，管理者在遵照公司管理制度实行管理的同时还需要弄清楚三个具体流程：团队建设、工作计划制定以及工作过程监督。管理者只有完全参与到这三大流程中，做到亲力亲为，才算得上是合格的管理者。

（3）执行制度的建立

企业没有制度，员工的执行力便难以获得保障。在日常管理工作中，管理者经常会遇到不符合制度的人和事，比如上级的某个决定影响了你的管理工作。如何避免这种情况的发生呢？显然，企业需要建立科学的决策制度和执行制度。具体应从以下六个方面着手：

第一，建立明确化、可度量的执行目标。这就要求制定的目标不能模糊，要可被检查、可被度量、可被考核。企业需要制度来规范员工的执行意识，就要先从管理者抓起，让管理者以身作则，成为下级员工的榜样。管理者的行为决定了员工的行为，管理者的执行力自然也会影响员工的执行力。将这种理念融入管理执行意识之中，是所有依靠制度管理获得成功的企业应该做的。

要想员工自愿将工作做好，还需要建立一定的奖励制度。这种制度可以通过物质激励和精神激励来提高员工主动工作的积极性。

第二，制定时间计划。管理者不仅要清楚一个项目开始的时间，还要了解这个项目结束的时间。也就是说，管理者在制定目标时需要为这个目标制定明确的时间计划，既要规定目标的开始时间，也要规定目标的结束时间。如果不给目标设定一个时间期限，就会使员工养成拖延的习惯，这样一来，目标的达成就会变得遥遥无期了。

第三，确定目标实现的先后顺序。事情都有轻重缓急，企业的目标也不例外。将时间和精力集中在重要的、急需解决的事情上，更容易提高效率并实现重要目标。例如华为的管理者一般会将工作分为四类：很重要也很紧急的事，很重要但不紧急的事，不重要但很紧急的事，不重要也不紧急的事。按照这样的顺序来处理事情，不仅能极大地节约时间、提高效率，还能提前完成重要工作，让企业尽快尝到成功的喜悦。

第四，制定简明的指令。下达指令是否简明可以体现一个管理者的水平。若管理者可以下达简明的指令，他的管理水平一定不会差。反之，如果管理者下达指令时过于烦琐，认为下属一定能明白自己的想法，很可能会给企业带来巨大的损失。明确的指令可以确保员工能明白管理者的意思，确保工作的正确执行。一方面，管理者在下达命令时要简洁、明了；另一方面，管理者还要及时听取员工的反馈，在确认员工明白自己的意思后再让员工着手工作，这样会减少很多不必要的偏差。因此，管理者在实际工作中应该多问员工是否明白自己的意思，并让其向自己做适当的陈述。另外，管理者还要关注员工工作的细节，做到监督有力和跟踪到位。

第五，管理者要具备多方面的能力，比如领悟能力、计划能力、指挥能力、协调能力、判断能力、授权能力、创新能力，等等。

第六，除了制定制度外，还要制定跟踪和考核流程。企业只制定制度就期望员工能自动约束和自动管理是不行的，还需要制定跟踪和考核流程。也就是说，管理者还需要关注员工工作的过程，及时发现存在的问题，监督和指导员工的工作，同时做好预测、判断风险和制定规避措施等工作。

另外，企业还要制定反馈制度，这样才能形成闭环管理。闭环管理就像一个首尾相连的锁链，这条链上哪一个环节出现问题都会很快凸显出来，无论是员工的执行不到位，还是管理者的监管不到位，都一目了然。华为的管理秘诀就是形成制度化管理，其内涵就是使整个企业实现流程化、制度化和规范化。这也是任何一个优秀企业都应具备的管理模式。

3.不断改良，先立后破，无穷逼近合理

企业的规章制度要与时俱进，不能一味地坚守固有之法。"祖宗之法不可变"的说法已经过时，对今天的企业来说尤其不能采取这种态度。华为主张企业进行科学性的"变法"，要始终让企业的步伐保持协调。对于一些尚未实践的制度，不妨先"立"后"破"，避免在废除旧法之后没有新法可用。因为在废除旧法却还未建立新法之时，往往会在制度上形成真空地带，混乱也会由此产生。

在建立企业制度方面，硬搬照抄老方法是不可取的，但也不能完全摒弃老方法，毕竟重视老方法可以使企业获得许多宝贵的经验。与此同时，现代企业制定制度一定要汲取现代科学的养分，不能进行"拆台式"的组织变革，而应采取"补台"的政策，以改良为主，避免"翻天覆地"的改革。

随着信息产业的不断扩大和日益复杂，管理闭塞越来越不适用于现代企业，它会使企业的发展变得举步维艰。华为认为企业不应回避矛盾，应迎难而上，积极开展创新型管理模式，既要抓住未来的机会，也要迎接未来的挑战。华为要求员工要脚踏实地，从现在做起，从自我做起，勇于做出承诺和承担责任，循序渐进地改进管理，提高自身的管理能力。反骄破满、艰苦奋斗，这样企业才能到达成功的彼岸。

在企业发展的道路上，一味追求速度、遇事好大喜功的做法都是不可取的。争取全面胜利是不可能做到的，所以我们要否定全面胜利，反对完美主义。华为从来没有全面胜利过，从组织结构到制造系统，华为一直在不断改革，但始终都在趋于完美的路上。

对企业来说，循序渐进的进步是重要的，全面的进步可想却不可行，一开始就进行全面作战只会给企业带来恐惧和畏缩。企业运营需要做好准备，要预测最严重的情况，并对问题做最坏的考虑。如果将筹码全部压在一个赌注上，一旦失败，便会满盘皆输。同时，还会使员工的情绪产生连锁性的波动，甚至一蹶不振，无法东山再起。因此，任正非曾对员工一再强调："我们宁可放慢速度，也不要急于求成。"

华为在已有管理体系的基础上坚持进行流程优化，使管理体系不断趋于完善。对于管理体系的不断优化，任正非坚持这样的理念，即"不断改良，先立后破，无穷逼近合理"。平时坚持小改进，对成功改进的人和部门进行大奖励，这是华为长期坚持的方针。

与其说华为的组织调整与建设是改革，不如说是改良。改良是渐进式的，而改革更像是疾风骤雨式的，华为在遇到机遇和挑战时始终有张有弛，把握节奏，绝不做没有把握和趋于失控的事情。

任正非主张"管理者应是一个改良主义者，不应是一个激进主义者"。进一步来说就是，管理需要循序渐进地改革和进步。管理者不能让问题堆积起来后再去试图"力挽狂澜"。管理是要不断地疏导问题，而不是大刀阔斧地一次性解决问题。若只追求个人英雄主义，认为自己可以一次解决所有问题，那么这样的管理者往往是不合格的。

对企业来说，盲目追求管理创新和制度创新，或是为了创新而创新都是不明智的做法。或许企业创新的初衷是好的，比如是为了提升企业核心竞争力、为了提高员工的工作效率等，但是经常进行创新变革，会使企业内外秩序很难稳定下来。

改革的"改"字究竟是指什么，这是需要慎重考虑的问题。企业不能因为外界的一丝风吹草动，便草率行动进行改革。企业的有效程序需要长期运行才能发挥更大的效用。管理者不能因为出现一点问题就去频繁地改动它，因为草率改动程序所花费的成本常常会抵消掉程序改进后增加的效益。管理者要严格把好改革的关，做到适当保守，不能太过激进，要始终有自己的主见，不能听之任之，采取从众心理。

华为也曾面临行业的凛冬。在那个阶段，许多管理者经常喊"狼来了"，喊得多了，"狼"却迟迟不来，于是华为人渐渐都不信了。但是，当"狼"真的来了的时候华为人却还蒙在鼓里。如今的华为是一个拥有危机意识的企业，它不仅经常对企业危机展开讨论，也经常对部门危机、科室危机和流程危机进行讨论。在讨论的同时华为也不忘发出质疑：如何改进？还能继续改进吗？在不断改进之后企业的人均效益还能再提高吗？在华为看来，如果能将这些问题都讨论清楚，企业是不可能灭亡的。相反，企业会焕发朝气，变得更有活力。华为每年都会分析自己的管理要点，并反思这些要点能否对员工的工作有所改进，若能改进，便说明管理和员工乃至企业都前进了。

华为长期坚持"小改进、大奖励"的改良方针。小改进也能做大文章，只要综合分析一个又一个小改进，不断归纳和总结，将小改进融入公司战略目标的流程，保持其与周边流程的和谐，就能让小改进发挥巨大的作用，推动企业快速地向前发展。小改进的方式是简化和优化，目的是固化。小改进的成果需要依据它提高的贡献率来评定。

一个企业的管理制度若是成熟的，那么管理者只需在后来的实践中不断去完善它，而不是用突发奇想的创新去改变它，因为改变它就相当于破坏它。这种管理模式会在一代又一代管理者的优化中变得更加成熟，会随着时间的推移更加完善。

创新是需要成本的，华为称这种成本为"变革成本"。如果"变革成本"超过创新的总贡献，那么这就是一个失败的创新，它不会给企业带来任何好处，或者说它对企业有百害而无一利。改良不等于创新，改良是从有到好，创新是从无到有。企业经过多年积累的管理制度和流程必定有其优越之处，若只重创新、不重改良，只会让过去的努力白费。

华为认为任何企业都应该进行持久的改进管理，但是改进的过程绝不能太过激进。对企业来说，每年进步一点点，哪怕只有1%，百年之后也能成为100%。持久的改进能让企业长盛不衰，并能让企业在不知不觉中变得强大。

企业改革需要耐心，需要"谋定而后动"。同时，企业也需要勇敢地面对自己的"病灶"，敢于对一切不符合企业利益的东西进行改革。从粗放运作到精细运作，企业可能在多年的努力中有了较大的进步，但面对未来发展的瓶颈，企业又该如何更进一步呢？答案就是通过管理进步带动企业效益，实现企业再进步。在管理方面，华为主张逐渐改良，而不主张大幅度的变革。

自华为创立以来，从未停止过变革，但始终没有大起大落的变革。因为华为很清楚大幅度的变革只会让企业付出惨重的代价。华为几十年的变革都是缓慢的、循序渐进的、趋于改良的。很多时候，华为人都感觉不到这种变革，但当华为取得成功时人们才意识到这种变革的神奇之处。大起大落的变革、围绕个人英雄主义的变革，只会把企业搞垮。

华为不提倡激进的改革，而提倡具有继承性的缓慢改良。理想化的改革只会扰乱现实，让企业看不清前进的方向，改良要比改革来得实际和有效。彻底推倒一切，从头再来，这只是失败者的口号，绝不是成功者的商业模式。不要相信十进制的变革，不要在乎别人如何改革，因为每个企业的情况不同，别人那种变革方式可能对你的企业发展没有任何帮助。

对任何企业来说，急于求成的变革都要不得。缓慢前行虽然很考验耐性，但只要坚持便是在不断进步。切不可盲目地要求一个长远的目标在一两年之内完成，因为过于苛刻的目标只会打击人的积极性。华为通常会规定长期目标在5—10年内逐步实现，因为快速改革只会让上下要素无法对齐，以至于阻断流程关节。就像是走路一样，走得过快很容易摔倒，若是摔断了腿，爬起来再修复，就会浪费更多的成本和精力。

4.华为战略转型及其战略目标近乎100%达成的真相何在

战略一词在我国古代原本是军事方面的概念。所谓"战"，意指战争，"略"则是谋略的意思。如今，战略一词早已被引申至政治、经济领域。其内涵更多是指那些有着统领性的、全局性的、左右胜败的谋略、方案和对策。

现代管理学之父彼得·德鲁克称："战略管理不是一个魔术盒，也不只是一套技术。战略管理是分析式思维，是对资源的有效配置。"

所谓企业战略，就是为开发核心竞争力、获取竞争优势而采取的一系列综合的、协调的行动。

当企业所做的战略规划和实施的战略使竞争对手不能复制或因成本太高而无法模仿时，它就获得了竞争优势。伊恩·C. 麦克米伦的一句话或许能更深刻地揭示这一点："企业所采用的战略应能够打破正常的产业发展进程，并创造不利于竞争者的新的产业条件。"

这称得上是企业进行战略规划的终极意义所在，即改变产业发展格局，无形中给竞争对手制造发展障碍，获得核心竞争力和超然的市场地位。

战略是企业有限资源下的取舍，迈克尔·波特对战略的定义是：以竞争定位为核心，对经营活动进行取舍，建立符合本企业的独特的配置。如果某企业选择了一种战略，即在不同的竞争方式中做出了选择。这些选择主要体现在四个方面：打算做什么？打算不做什么？如何找到自己的细分市场，形成竞争优势，分食到属于自己的蛋糕？如何在既定细分市场和方向上，优化配置现有资源，以维持企业的高效运转？

企业进行战略取舍的目的在于寻求新的增长点，韦尔奇在《商业的本质》中提到一句话：增长是王道。企业在增长过程中会遇到各种难题，因此必须不断地寻找新的机会点和增长点，才能顺利实现战略转型。

任正非在讲话中提道："在大机会时代，千万不要奉行机会主义，我们要有战略耐性。"这是华为把握战略机会点的核心逻辑，同时演化出两条华为战略落地的重要方法论：

第一，不在非战略机会点上消耗战略竞争力量。

第二，要敢于在战略机会点上聚集力量，实施饱和攻击。

只有在战略和指导思想正确的情况下，企业战略转型成功的概率才能实现最大化，华为在30余年企业运营生涯中先后成功实现了三次重大战略转型。

第一次战略转型：实施"农村包围城市战略"

华为创立之初，是一家程控交换机的代理销售公司，任正非信奉"战略就是活着"，他说："华为最基本的使命就是活下去。"早期，华为代理过很多产品，目的就是让公司活下来。

通过代理交换机完成原始资本的积累之后，为摆脱在源头产品上受制于人，华为及时推进自主研发策略，开发出面向中小企业和农村市场的小型交换机。华为主攻农村市场是明智的选择，因为当时国内的主流通信市场早已被朗讯、思科、爱立信、西门子、摩托罗拉等跨国巨头垄断、瓜分。此时，作为国内新晋品牌的华为若想打入大城市的主流市场，几乎是不可能的。因此，华为选择避其锋芒，从农村市场开始切入，从而赢得了差异化竞争优势。相对于外资品牌的一流产品，华为更注重为客户服务，将企业服务力提升到一个前所未有的高度，"服务好"逐渐成了华为的一项核心竞争力。到1995年，华为的销售收入已突破15亿元人民币，在国内通信市场占有了一席之地。

第二次战略转型：推进"国际化战略"

1998年，华为启动国际化战略，这次战略转型有其深层次的考量。

首先，国内市场日趋饱和，企业增长的天花板随即而来，若想寻找新的增长点，广阔的海外市场是最佳选择。

其次，华为的国内竞争对手都是全球化运作的跨国巨头，他们整合全球资源来同国内本土厂商进行竞争，如果华为只做国内市场，长久下去势必会败下阵来。以当时的爱立信为例，他们充分整合了全球资源，将利润中心设置在了税率最低的地区，将融资中心设置在了贷款利率最低的地区，而把生产中心放在了工资水平最低的地区，可见策略十分成熟。华为若想同这类巨头展开竞争，就必须打入他们的后院，进行全球化经营。如今，华为的国际化战略已经取得了显著成效，在全球范围内设立了近30个功能中心。其中，无线通信技术中心设在瑞典，工程技术中心设在日本，软件工程中心设在印度，而互联网创新中心则定位在了硅谷。华为这样做有效地整合了全球资源，可谓是同巨头共舞。

最后，华为的国内团队经过国内市场的锤炼已经非常成熟，具有极强的战斗力，并且得到了客户的认可。比如华为独特的"铁三角"体系，包括客户经理（AR）、解决方案经理（SR）、交付经理（FR），其战斗力已经得到国内市场的充分验证，这些宝贵经验完全可以复制到国际市场。同时，华为的产品力和管理能力也得到了极大提升，足以应对国际市场的挑战。

经过充分准备和深度思考的华为，国际化转型进展顺利。2005年，华为全年销售收入达453亿元人民币，其中来自海外的销售收入首次超过了国内市场收入，华为成了名副其实的国际化公司。

第三次战略转型：从B端到C端的转型

以前华为的主要服务对象是B端客户，即运营商和企业客户。但随着运营商市场和企业市场增长乏力，传统的网络设备巨头举步维艰，而消费者业务却潜力巨大。再者，华为如果没有消费者终端业务，从生态链的角度来讲就是不完整的，就无法贴近最终用户，无法占据个体流量入口。

华为这次转型就是从大B（运营商）到小B（行业客户），最后到C（终端消费者）的过程，具体而言就是3个BG（经营业务单元）即运营商BG、企业BG、消费者BG的划分。这是一个巨大的挑战,全球范围内几乎没有一家企业可以同时将以上三个属性差异巨大的消费群体服务好。

尤其是在运营思维完全不同的消费者BG领域,华为的主打产品(手机)面临的是一个完全不同的竞争市场,不仅有苹果、三星等国际巨头,还有仍然强势的索尼、爱立信、LG等外资品牌,国内的联想、中兴、酷派等品牌也是不遑多让,OPPO、VIVO两大国货巨头也在冉冉升起,同时还有小米这类互联网手机公司,这早已是一个竞争惨烈的红海市场。

就是在这样的形势下,短短数年间,华为向终端的转型获得了巨大成功。据统计,2017年,华为销售收入突破1000亿美元大关,达到1022亿美元,约合6558亿元人民币。其中,华为企业BG实现收入106亿美元,运营商BG实现收入450亿美元,消费者BG则实现大幅度增长,收入高达441亿美元,占据总收入的43.15%。

三次战略转型,稍有不慎就可能会伤筋动骨,伤及企业根基,甚至自掘坟墓。那么,华为凭什么能够屡屡闯关成功呢?华为战略转型及其战略目标近乎100%达成背后的真相又是什么呢?

5.先僵化,后优化,再固化

1995年,华为步入发展的快车道,针对公司管理模式的总结和变革被提上日程,《华为公司基本法》开始起草。经过大量的内部会议和研讨,任正非决定借助外力来提升华为的管理水准,1996年,华为聘请美国HAY咨询公司香港分公司对华为的管理模式进行咨询、诊断。

在任正非看来，学习国际一流企业的成功经验能够让华为少走弯路、少交学费。为更好学习跨国公司总结出来的成功经验，任正非前往美国对IBM公司、惠普公司和贝尔实验室进行了实地考察。此行之后，华为开始全面引进国际化的管理体系和战略体系，耗巨资引入了IBM的集成产品开发（IPD）体系、集成供应链管理（ISC）以及BLM战略管理体系。

国际化管理理念和标准化运作模式，同华为本土化的企业运营理念及野蛮生长的企业文化发生了冲突，引起了企业内部员工强烈的排斥心理和抵触情绪。

1999年11月，在IPD体系实施第一阶段的总结会议上，任正非坚定地指出："我们切忌产生中国版本、华为版本的幻想。引进要先僵化、后优化，还要注意固化。在两三年之内以理解、消化为主，两三年后，允许有适当的改进。IPD关系到公司未来的生存与发展，各级组织、各级部门都要充分认识到它的重要性。我们要先买一双美国鞋，不合脚，就削足适履。"（2001年《华为人报》）

强力推进使融合的过程充满了阵痛。任正非的态度异常坚决，提出"不适应的人下岗，抵触的人撤职"，而在随后的IT变革小组会议上任正非再次严厉提出："37码就37码，脚大了就把脚砍掉一些也得穿，不愿砍脚的人，你就到那边去做大脚女人，种地去，靠边站。"

很多时候，拿来主义并不适用于企业管理实践，而华为在战略管理模式上坚决执行拿来主义。在任正非的铁腕推进下，这一战略管理模式先僵化、后优化、再固化，最终取得了巨大的成效，使华为成了一家规范化运作、具备战略竞争优势的全球化公司。那么，具体来说华为又是如何实施"先僵化，后优化，再固化"的战略呢？

（1）先僵化：无遗漏地模仿与复制

《华为公司基本法》第三条提出："公司要广泛吸收世界电子信息领域的最新研究成果，虚心向国内外优秀企业学习，在独立自主的基础上，开放合作地发展领先的核心技术体系，凭借我们卓越的产品自立于世界通信列强之林。"

事实上，华为向一流企业学习的不仅仅是技术，还包括管理理念和管理体系。

相对而言，技术更易于学习，而管理体系和管理战略的引入与学习，则容易引发企业内部的抵触情绪。如何去学习管理体系和管理战略，是一项艺术。

华为引入管理战略和管理体系后经历的第一个阶段是僵化，僵化即学习初期阶段的"削足适履"，企业需忍住阵痛来适应学习对象，而非让学习对象来适应企业。

所谓僵化，即全面地、系统地、无遗漏地模仿和复制学习对象的一切管理思想和方法，僵化过程是全面学习、复制的过程，不能做任何改进和创新。当然，这种照单全收的做法会冲击企业原有的管理体系、业务体系、文化体系和执行体系，会引发诸多冲突。此时企业应顶住压力，坚定不移地僵化，如果在该阶段就灵活变通，那么将会导致整个管理体系引进和学习计划的彻底流产。

不论是从东方人的特性，还是从华为所处的发展阶段来看，任正非认为，企业都不具备直接搞国外管理模式的中国版本的条件，企业必须先教条、机械地落实国外引入的管理体系和战略。正如任正非所说："我们在向西方学习的过程中，要防止带有东方人好幻想的习惯，否则不可能真正学到管理的真谛"。

（2）后优化：确保持续的管理进步

优化是僵化后的必然阶段，只有经过僵化阶段"照本宣科"式的学习，企业才能全面、深刻地理解引入管理体系的精华，才能意识到其对企业的真正价值。

优化应在学会的前提下进行，需坚持的基本原则是改良主义，而非全盘推翻，优化的目的是为了使企业的管理实践更加高效，而不是对西方式管理理念和战略理念进行中国式改造，使之变身为中国式管理或华为式管理。对此，任正非曾明确表示："我坚决反对搞中国版的管理、华为特色的管理，我们不是追求名，而是追求实际使用。"

在优化的战术层面，华为倡导所有员工需尽心尽力，在优化改良的过程中要经常连续追问5个"为什么"，并不断尝试5个"还能吗"

何为5个"为什么"、5个"还能吗"？大野耐一在他的《丰田生产方式》一书中用一个案例进行了说明。

比如，一台机器不转了，工作人员就会发问。

第一问："为什么机器停了？"

"因为超负荷保险丝断了。"

第二问："为什么超负荷了呢？"

"因为轴承部分的润滑不够。"

第三问:"为什么润滑不够?"

"因为润滑泵吸不上油来。"

第四问:"为什么吸不上油来呢?"

"因为油泵轴磨损松动了。"

第五问:"为什么磨损了呢?"

"因为没有安装过滤器混进了铁屑。"

只有连续地追问5个"为什么",才能发现导致问题的根本原因——没有安装过滤器。在优化过程中,也要采取同样的推进思路和追问方法,如此方能体现员工的尽心尽力。

只有不断改进、不断反思、不断优化,才能让优化上升为一种企业文化,持续的管理进步才能得到保障,公司才有未来。

(3)再固化:上升到制度和文化层面

固化是将僵化和优化的成果上升到企业制度和文化层面,使之转变为制度体系和文化体系,用以指导和监督组织成员的行为方式,最终固化大家的思想与意识。

固化的关键在于实现"两化",即例行化、规范化。

所谓例行化,主要是指实现管理体系的制度化和程序化,不断将例外事项转变为例行事项,实现"例外事项例行化,经验知识科学化,权力空间责任化",将企业所有事务、权力、责任统统纳入流程,使一切没有被规定和没有被管理的人、事、细节都成为规定和惯例。

所谓规范化,就是要实现工作的模板化、标准化。举例来说,一个新员工,只需按照既有的模板和标准进行操作,就能尽快上手,尽快做到职业化，而不必再去摸索、再走弯路。

例行化、规范化的结果就是固化，也是简化。当然，固化并不等于永远不再改变，而是将经过实践检验的管理体系和管理战略转化成一种永恒的内在机制，它可以实现持续地自我更新与自我优化。

第十章　领导力驱动：战略不能被授权，领导力须贯彻始终

任正非说：

在这个英雄辈出的时代，一定要敢于领导世界，但是取得优势以后不能处处与人为敌，要跟别人合作。有人问我："你们的商道是什么？"我说："我们没有什么商道，就是为客户服务。"（任正非：在战略务虚会上的讲话，2015）

领袖的作用是方向感。不在于你是否扛锄头、挖战壕，而在于你是否能领导大家走出困境，找到前进的方向。方向感就是要在多种不确定性中给出确定性的判断，尤其是在资源有限的情况下。当然也包括模糊性的判断，引领大家走出混沌。我们原来是跟随世界，将来你要领导世界了，你怎么办？当年为了一个小灵通、一个TD，差点把我的命都给搞掉了，为什么？8年啊，看到人家（做）小灵通轰轰烈烈，大家写报告，说3个月就能做出来，做不做？还有TD，到底上不上？你说那8年，我咋过来的？领导好难做啊。不做，错了怎么办？做了，在非战略机会点上消耗了战略竞争力量，会有今天吗？现在轮到你们来领导世界了，你才会感到这像把你放在炉子上烤。（任正非：《多路径、多梯次跨越"上甘岭"，走进无人区》，2016）

领导力，是一种激发企业内员工热情与潜能的能力，也是一种带领员工齐心协力完成目标的能力。领导力被看作是一系列行为的综合体，这些行为对企业内的员工起着激励性的作用，使他们能够跟随领导到达目的地，这种行为也并非单纯地听从安排。在生活的各个层次和各个领域，在企业、在政府部门、在军队，甚至在一个小家庭中，处处都体现着领导力，这些领导力是指导成员圆满完成每一件事的能力。

华为优秀的领导力保障了华为在复杂多变的高科技市场拼出了一条适合自己的路。正是由于任正非非凡的领导智慧，才使华为冲出中国，走向世界，在国际市场上开拓了一片属于自己的市场。

领导力同样属于一种影响力，在企业中，每一位员工都能够受到其他人的影响，同样也能够影响其他人，因此，领导力是存在于每一位员工内心深处的一种能力。企业高层和企业员工的领导力共同驱动企业的发展，维持企业内各种要素的平稳运行。

1. 领导力是企业战略成功的关键要素

在我们的日常生活中有一句俗语叫作"火车跑得快，全靠车头带"，这句话用来形容华为这些年来飞速发展的势头再合适不过了，华为能有今天的成就离不开华为高层的领导战略。一个企业能做大、做强仅靠好的战略是不够的，最关键的是企业要有强大的领导力，这是一种能够激发员工热情与创造力的能力，也是一种能够激发团队斗志、全力以赴完成目标的能力。华为的旗帜和掌舵手任正非正是凭借卓越的领导力将华为一步步做大、做强。

在这个曲折又漫长的过程中，可以说华为所走的每一步都是对自身的一种考验，更是对领导者的一种考验。华为的领导者作为华为公司的顶梁柱、主心骨，他的每一个重要决策都关系着公司的生死存亡。华为自创办至今已30余年，在这30多年的光阴里，华为经历了数不尽的挫折与挑战，而它能够愈挫愈勇、屹立至今靠的便是华为领导者强大的领导力。

领导力的本质可以说就是一种影响力，这种影响力能够感染团队的所有员工，使他们齐心协力为团队做贡献。它能够将团队成员的工作效率放到最大，激发团队成员对工作的热情，统一企业领导者的价值观和团队成员的价值观。这种影响力使公司内部团结、和谐，也使公司充满昂扬向上的朝气，为企业带来更多有价值的东西。

图10-1　印度裔管理大师拉姆·查兰的著作《领导梯队：全面打造领导力驱动型公司》分析图（图片来源于百度）

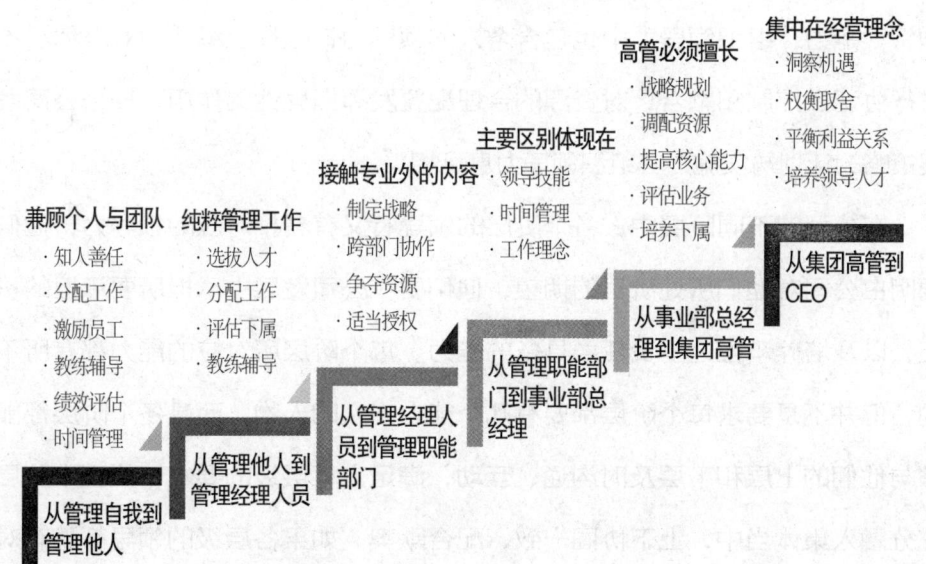

领导力代表的是领导者的综合能力，它包括领导者的思维方式、领导方法、实践经验、个人品质等，卓越的领导力能够让领导者对企业未来的发展有一个正确的规划，对企业现有资源进行整合，从而实现企业利润最大化。任正非在1987年创办华为公司的时候做的是代理销售交换机业务，当时的华为公司与其说是企业，不如说是一个小作坊，但任正非仅仅用了20多年的时间就将华为发展成国内甚至世界上首屈一指的电信行业巨头，使得华为公司在世界范围内都有着极其广泛的影响。华为之所以能取得如此大的成就，除了华为的掌舵者任正非卓越的个人领导能力之外，更重要的还是华为公司内部强大的组织领导能力。

最高层领导者的能力虽然至关重要，但规模较大的公司仅靠一个人领导是完全不够的，他不能把公司的大事小情都顾及到，他所做的主要是引领公司未来的发展方向，他是公司的旗帜，而公司在日常的运作中靠的是组织领导力。组织领导力并非个人所有，它是不同阶层的领导者对相应阶层的一种领导能力，组织领导力中也包含个人的领导力，这种组织能力对群体活动进行协调、控制和融合，对资源的合理配置发挥指导性的作用。一个公司发展策略的计划与实施与其组织领导力息息相关。

在公司的不同阶层中，各个阶层的领导者又有着相对应的领导力，他们要明白公司对他们所处阶层的期望，他们要在公司发展中承担所要承担的责任，以及培养承担这些责任要具备的能力。每个阶层所对应的能力都有所不同，但并不是要求每个阶层都要有几个能力出众的人物，而是各个阶层都能够与他们的上层和下层及时沟通、互动，满足上下层级的要求，使整个阶层充分融入集体当中，上下协同一致，配合默契。如果各层级的领导都具有对应的领导力，那么这个过程便会既顺利又快速。一旦企业的各个阶层都成功融到集体中，整个公司的工作效率想不提高都很难。

IBM在2003年研发出一个方法论——BLM业务领先模型，这个模型是IBM多年实战经验的总结。IBM有着自身的一套完备的战略规划和执行方法，华为公司引入这一模型，在企业的各个阶层进行推广和学习，终有所获，受益匪浅。

合益集团作为世界上首屈一指的咨询公司，在2014年发布了"中国最佳领导力培养企业"报告。报告中显示，华为居于第二位，可谓是企业中的典范。在企业中，不同的阶层，其阶层管理者的领导力也各不相同，当企业进行战略规划和实施的时候，不同的阶段会体现出不同的领导力。

华为注重在实践中培养"帅才"和"将才"，对于高层领导，华为培养其对发展大势以及战略的观察和把握，即发展之"道"；而对于中层和基层干部，华为则培养其做事的能力，即发展之"术"。当华为的领导者从基层干到高层，即经历从"术"的掌握到"道"的领悟过程，他也就相当于从士兵升级为一名将军了。

公司的最高领导阶层要在市场战略方面具备足够的领导力，他们要把目光放得长远，不仅只是立足于近两年的销售目标，还要带领企业突破当今所处市场的限制，对公司的投入进行取舍，紧跟时代的步伐实现企业的转型和战略升级，充分发挥出高层领导的胆魄与豪气。在这个阶段，企业未来发展战略的制定要在企业最高领导阶层的指挥下充分进行，可是如果最高领导阶层放弃了制定未来战略的领导力，那企业在未来发展中有很大的可能会出现问题。在制定企业未来发展战略时，高层领导要将这个重担挑到自己的身上,这种头等大事不能随意交给下层的干部去做,否则不仅耗费过多的时间,而且最终得出来的战略决策无论在层面上还是高度上都会存在很大的不足,这个战略也就不能代表企业未来的发展方向。

在管理者对市场进行探究的时候,要有充足的判断力来对当下的研究进行定夺,其中包括公司未来的发展行业和规模、将要面临的竞争对手、国内外政治大环境变化的影响、公司未来客户的变动,等等。管理者如果能对这些因素做出一个合理的预判,就能为企业在未来的发展过程中解决很多困惑。

在创新和业务设计方面,要结合企业自身的实际,制定出符合公司现阶段发展的竞争战略,为企业规模和利润的稳步增长保驾护航。当对竞争战略进行执行的时候,主管部门要利用自身的领导力将战略规划的任务进行分解,并下分给相关的部门以及主要负责人,让相关部门能够接受和认同分解之后的任务。

在企业文化构建以及人才培养方面,主管干部的领导力也显得至关重要。他们要在充分理解企业发展战略的基础上制定与之相符合的企业文化制度,培养符合企业未来发展方向的优秀人才。

2.华为的领导力模型

无论在国内市场还是在国际市场,每一个优秀的企业都对组织领导力的培养极其重视,并且企业自身都具备一套独特的组织领导力。它们在组织领导力的培养方面都制定了完善的培训计划，用来提升公司内部干部的领导能力。

华为公司近几年来的发展速度与发展势头有目共睹，它依靠对网络通信设备的开发和销售在国内通信市场独占鳌头，之后华为手机和华为企业网络的面世均使华为获得了巨大的利润，取得了非凡的成就，华为公司战略的成功从另一方面体现出其领导模式的成功。

华为公司对企业内干部领导力的培养非常重视，从这一方面也可以看出华为之所以能够取得今天的成就，与其重视企业内管理干部的培养是分不开的，这也是华为的特色。我们从两个角度对华为的领导力模型进行分析。

首先是华为公司的个人领导力。华为对企业内干部进行绩效评价时，也需要对干部的个人领导力进行综合性的评判。华为企业内部的干部要有理解力，要能够对上级领导的意图准确地领会，要能够对下属工作的需求和计划有明确的理解，能够和公司其他部门进行默契的配合，最重要的一点是懂得客户的想法，能够明白客户真实的意图和要求。

在个人领导力中，理解力是基础，在充分理解各方面要求的前提下，执行力就凸显出它的关键性。华为在对企业干部的执行力进行考核时，要查看企业干部在日常安排工作时是否能够明确工作责任，对下级员工是否能够进行及时有效的沟通、严格的考核和适时的鼓励。而企业干部所负责的业务目标是否达成，业务的责任人是否落实，业务的标准和最终所得利润的分配是否明确，则是企业干部执行力是否落实的重要考核指标。

决断力对于领导阶层来说至关重要，决断力的培养在华为领导力的培养过程中也是重中之重，尤其是对企业的高层领导以及企业内部各个部门的领头人来说，这种决断力显得尤为重要，这就需要这些最终的决定者能够在错综复杂的利益纠缠中认清前进的道路，在紧要关头承担起自身的责任，带领整个队伍到达胜利的终点。确切来讲，决断力是掌控直觉的能力以及深思熟虑之后的判断能力二者的结合体。

另外一种则是与人交往的连接能力。在国内或是在国际上，每一家公司内部部门的形式都可能不尽相同，然而每一种形式的公司部门都不仅仅是单一的、独立的存在，它们是一种复杂的综合体。在企业中，每一个职位都有与其相对应的职能，但在一般情况下，一个人所处的位置决定了他思考问题的角度和范围，当处理一件事情需要跨越不同的部门时，需要相关负责人具备足够的人际连接能力，进而对所负责的事情不断地推进，最终顺利完成任务。

图10-2 华为领导力实施树状图

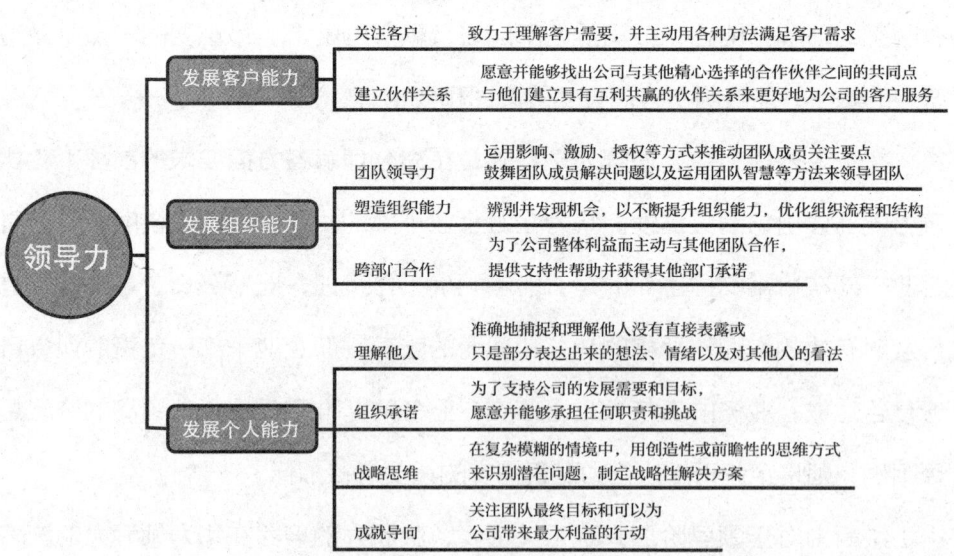

说完华为公司的个人领导力，咱们再谈一谈华为的组织领导力。华为的组织领导力比较系统化，它模仿的是军队的管理体系，它将这种组织领导力充分运用到各个级别的干部管理体系当中，在企业整体的高度上利用这个管理体系确保企业内部的责任分工、干部的选拔聘用、利润的分配等任务能够高效地完成，这一点在最大范围内减小了因人为因素而导致的局限性。下面我们对华为的组织领导力进行详细的叙说。

企业内部明确的职责分工以及分级制度是组织领导力的重要组成部分，企业内部上到高层领导，下到普通员工，都有着符合自身所处职位的明确分工。每个人的能力不同，在公司中扮演的角色也不同，这种清晰的分层制度能使企业内的每一位员工都对自身有一个正确的定位，让他们明白企业对他们在公司中所扮演角色的期待，以及对他们自身发展的长期鼓励，让他们为此不断地努力，以不负公司对他们的期待。

在企业发展中，从产品的规划研发到供应生产，里面包含着一整套的流程，这套完善的流程同样也是组织领导力的重要组成部分。例如，在华为公司的内部，有13步管理流程，华为公司的干部便是以这些流程作为开展工作的依据，这种做法使干部的执行力大大提升，使一些对干部工作造成阻碍的因素大大减少，进而在更深层面对领导力进行提升。

另外还有一种领导力素质模型，它面向的是广大的客户。在华为内部，有一条最高的执行标准就是——一切以客户为中心，这个标准对领导力素质模型同样适用。华为曾经对几十位领导进行访问，这些领导都是华为公司内部的高层，且都有着很高的成就，华为对他们成功的原因、所具备的个人的素质等各个方面进行了归纳、总结，从而得出一个著名的华为干部九条模型。

不仅如此，华为为了使组织领导力保持持久的生命力，仍然在不断地进行创新。为此，华为还与国际商业机器公司共同开发了一套集成领导力开发系统，使新加入的干部能够快速获得组织领导力。

3.任氏领导力的思想基础——辩证法

任正非在大学毕业后应征入伍，成为一名工程兵战士，这段军旅生涯持续了14个春秋，尽管表面看来他的这段从军经历并没有给事业带来较大的帮助，然而正是这段经历磨炼了他钢铁般的意志，并对他的价值观产生了深刻的影响，为以后成功缔造和发展华为奠定了强有力的理念支撑。一位优秀的军人最应该具备的便是狼性，任正非做到了，正是他的这种狼性将华为一步步地从"小作坊"缔造成了大企业，这匹"狼"懂得辩证法，懂得对立统一的法则。任正非对"狼性"和"兵法"的结合运用，使华为的管理方式在当代中国企业管理学中树立起了独具特色的标杆。

任正非在经济方面拥有相当敏锐的感知，他擅长把握商机，商机一旦抓到手就绝不会放过。他懂得辩证法的思想，明白在商战中使用"兵法"的必要性。

他将企业的最高领导者比作战争时期的高级将领，当企业面临最大的困难即战争打到最为胶着的状态时，最高领导者或是高级将领要做的便是在看不清未来的黑暗中依靠自己发出的微弱光芒，带领队伍向前进发。这种思想非常珍贵，虽然华为的创办和发展过程历尽艰难，但是在发展的方向上一直在走直路，几乎并没有什么偏差。

图10-3　唯物辩证法——华为领导力思想基础

唯物辩证法
唯物辩证法的基本观点：联系的观点、发展的观点
唯物辩证法的根本观点：矛盾的观点
唯物辩证法的实质和核心：对立统一规律
认识问题的根本方法：矛盾分析法

唯物辩证法的三大规律：
对立统一规律（根本规律）
质变与量变规律（基本规律）
否定之否定规律（基本规律）

任正非擅长研究矛盾的特殊性和相对性，善于分析主要矛盾和次要矛盾，能够在不同的矛盾状态中使用不同的处理方式，这些辩证法的思想在任正非几十年的创业生涯中发挥着不可替代的作用。华为利用"在战略上蔑视敌人，在战术上重视敌人"的思想，在创业初期，先从一些较落后的地区开始，引导它的竞争对手走向这些薄弱地区，通过对战线的拉长削弱对手的力量，进而拖疲对手。正是这种战略上的"以一当十"和战术上的"以十当一"使这场"游击战"和"运动战"取得最终的胜利。当华为做出的一些成绩被国内数千家县级电信局认同时，它的品牌形象也随之树立起来，在国内彻底打响了名号。在占据国内通信市场后，华为又将目光放到了国际。在2001年，任正非通过一篇《雄赳赳，气昂昂，跨过太平洋》的文章将商战从国内引向海外，可以说任正非将他的华为企业训练成了一支优秀的"军队"，华为企业的将士们正是凭借顽强的意志、艰苦奋斗的精神将华为人的

"狼性"充分发挥出来，成功打入欧洲、北美、亚太、南非等诸多海外市场，最终在海外市场打响了名号，取得丰硕的战果。任正非曾经表示华为是世界上"活得最好"的公司之一，他将这种活得好归因于在任何一个发展阶段所作的决策都能跟得上世界的潮流。

任正非的锐意进取精神表现得相当明显，他的领导极具锲而不舍的进攻精神。高新技术产品研发行业压力和风险比较大，具有很大的不确定性，当大环境发生剧变时很容易带来行业发展的"严冬"。在2000年初，国内形势发生了变化，国内的电信设备采购体制发生了转折，华为的订单量出现大幅度缩减，面对国内萎靡的市场形势，任正非并没有沉寂在这个"严冬"中，为求"过冬"，他将目光放到了海外市场。华为在全国一流的高校中招募了大批有着高昂斗志、学识渊博的高才生，稍微进行培训便将这些"希望的种子"撒向国外。正是这些初出茅庐、斗志昂扬的年轻人将华为的压力化解，使华为又迎来了一个新的高峰。在矛盾的不同状态使用不同的斗争方式，正是这种辩证法思想使华为渡过了难关，迎来了胜利的曙光。

训练员工的群体意识和讲求团结是任正非最为注重的一点，任正非一生的经历使他深刻地明白在企业中精神和物质双重激励的重要性，他给员工灌输的理念就是：将做"好事"当作是信念，那么得到的利益便是"好处"。华为企业是典型的"三高"企业：高薪酬、高压力、高效率，任正非始终坚信高薪是员工创造价值的第一推动力，但华为又并非金钱至上的企业。

任正非是"生在红旗下"的一代人，那个时代在他身上留下了深深的烙印，他对毛主席的著作研究颇深，并且能够活学活用，这就是为什么他能够将辩证法融入华为的企业文化中并成为他领导力的思想基础的原因。

4.领袖的作用是方向感，在不确定性中给出确定性判断

想要在一个无人认识和开发的领域开拓出一片属于自己的天地，是异常艰难的。

作为一个企业的领导者，肩上担负着太多的责任，而领导者最主要的作用不在于是否身先士卒，是否奋战在一线岗位上，而是对未来的形势能够做出准确的预判，能够引领前进的方向，带领团队走出困境。

在20世纪90年代末，中国通信行业"小灵通"大行其道，异常盛行，中兴通讯和UT斯达康凭借发展小灵通业务在企业的规模上势不可挡，大有赶超华为的趋势。华为的领导者中有人注意到了这个机会，随之迅速做出报告，向任正非推荐做小灵通的业务，而任正非却直接否定了这个提议。他认为这种情况只会短暂出现，并不能长久，华为不搞机会主义，与此同时任正非将目光放到在当时并没有进行商业普及的3G业务上，并对其投入大量的资本。由于任正非的这个决策，在小灵通业务风头正盛的2002年，华为首次遭遇亏损的打击，这种情况在华为成立以来第一次出现。足足有8年的时间，任正非顶着巨大的压力，但他仍然在坚持，在这段时间里，有大批的人选择离开华为投向当时看来发展前景更好的企业。但之后的事实却证明了任正非选择的正确性，正是由于华为当年对3G技术的大力支持，才使得华为能够拥有当今的成就，而当时在小灵通市场上风光无限的UT斯达康，在当今通信的主流市场却再也见不到它的踪迹。

方向感的培养并不容易，它需要领导者能够在众多的不确定因素中得出准确的判断，这种方向感在资源有限的条件下显得尤为重要。当然，并非所

有的判断都标示得明明白白,其中还有一些模糊性的判断,方向感能够带领团队摆脱这种混沌状态。在企业的发展过程中遇到的机遇能否抓得住,遇到的挑战能否接得住,这对企业领导者是一个不小的挑战。任正非当年在对小灵通和TD—SCDMA这两个重大战略进行抉择时,彰显出来的正是其过人的领导方向把握能力。

身为一个企业领导者是极其不容易的,为了使华为能够在世界舞台上大放异彩,任正非一直在对华为的管理体系进行改进,他主张要灵活,不能保守,要向美国学习领导企业的法门。他将华为的领导权放在"真理"的身上,而不只是放在位于领导高层的某个人身上,因为只有这样,才能使华为与世界接轨,打赢这场现代"战争"。

企业领导者要学会对企业体系进行符合时代发展的改革,对未来企业发展方向进行探索和研究,对一些不确定的因素逐渐进行掌控;在产业发展中以实施战略目标为整体框架,形成一套完整的发展体系,进而掌握产业发展的趋势。立足当下、立足实际,在这个基础上研究未来10年的问题,还要根据产品研发情况,顺应市场和客户的需求,研究5年以内的问题,切忌好高骛远,盲目地进行研发。

企业的领袖位居企业的制高点,对企业的整体规划和整体行动进行裁决、支配和调动。企业发展的目标要有一致性,要朝着一个目标和方向前进,切忌朝三暮四,但这并不代表企业只是在一条固定的路上行进。在行进的过程中需要企业领导对企业的指导原则进行改革,将企业的前行道路发展为多路径、多层次的模式,将企业员工分成数个梯队,每个梯队有着各自的目标,但每个梯队又并非独立存在。它就像一场接力赛,一个梯队在等待接力棒的同时又在观察局势并铺下道路，然后从另外一个梯队手中接过接力棒奔向下一个目标点，最终到达目的地。这种模式会使员工减少消极、惰怠的情绪，使企业的发展模式变得灵活，能够将企业的信息流量输送到真正需要它的地方。

华为这些年来在软件开发和芯片的研究方面一直是坚定不移的，并且在其他的模块方面华为也在进行探索、研究，这样即使某种模块出现差错，华为照样能够拥有其他的应对方案。在发展过程中，企业的战略目标要明确，实施的方法要多样化，不要将鸡蛋放到一个篮子里。尤其是有着一定规模的企业更应如此，在资金充裕的条件下要有一种危机感，即使现在的潮流是某种单一模块，企业仍然需要培养其他模块的人才；即使某种路径遭遇失败，它仍然为企业培养了人才，而且这种人才有着不一样的思维模式，这在一定程度上会使主航道的思想更加完善，使思维不局限于某个方面，使企业一直处于活跃的状态。纵观华为的发展史，以上这些方面正是华为发展模式的体现。

在企业中各式各样的人才都要招揽，企业领导要有独特的眼光，能够发现人才在未来的无限潜力，华为公司设置的梯队模式有前锋，有候补，团结一切可以团结的力量。它招揽了一些与当今世界主流不一致的人才，设立团队对他们进行支持，敢于为他们开一条路，让他们融入进来。当今世界科技的发展速度非常快，有可能今天视为天方夜谭绝不可能实现的事情，过不了几年就会开花结果。对于这些，领导者要有一定的远见。

那么，企业的领导者如何在不确定性中进行掌控呢？这就需要领导者对企业发展的整体框架进行系统化的把握，并对产业未来的发展趋势有一个清晰的认识。除此之外，还要多进行思想上的交流，这个思想交流并不仅仅局限于相同领域，企业领导者要多进行跨领域的交流，使思想进行交叉和碰撞，只有这样才能产生"火花"。这种交流并不是具体实际内容的交流，而是以不同的思维方式和对企业未来发展方向进行交叉讨论。

5.领导者要加强战略集中度，集中力量打歼灭战

作为一个企业，只有把自身的能力凸显出来，形成一把尖刀，才能够在企业发展的道路上有所突破，企业的能力如果被拉得像是一面平镜，那么这个企业将会很快失去竞争力并沉没于商海。任正非就曾经对员工反复强调：作为一名合格的领导者，要能够加强战略集中度，能够在主战场上集中力量打歼灭战。企业在发展过程中以及与客户进行合作时，要将重心放到主要客户身上，要学会随着主要客户的变化而变化。

（1）企业发展要聚焦主航道，找好企业发展的中心点

华为曾经在2014年将十余款产品进行缩减，只留下两款主打产品，这是因为华为曾经在产品开发方面所做的序列过多，导致产品品牌不够聚焦，加大了服务成本。这种将战线拉得过长的方式使华为很难形成一个具有突破性的尖端，因此华为将推广产品缩减到两个，将研发团队、销售团队以及服务团队统一聚集起来为这两款产品服务。华为最终的决定仍是将产品进行聚焦，减轻产品线的压力，增加产品的价值。这种改革没过多长时间便使华为尝到了甜头，产品聚焦得到保障，使得产品开发速度不断加快，产品特性不

断加强，产品服务和销售人员对产品的理解更加精准，华为产品的销售和服务水平变得更加成熟。

企业产品研发要以产品的价值为中心，而不是一味追求更高的研发技术，产品如果失去了它的存在价值，即使生产技术再高也没有什么存在的意义，企业在研发过程中所做的任何辅助都要凸显出产品的价值所在。企业在创始阶段通常在资金、资源和团队方面都处于一种紧缺的状态，华为的这些经验能给那些刚刚处于创始阶段的企业带来很好的启发：公司在创业阶段，在找到主航道的前提下要学会脚踏实地，不要得到一些资金就总想着创新，任何相关的方面都想涉及，一旦有了这种想法，往往是什么都不能研究透彻，白白浪费了大批宝贵的资源，最终使公司面临倒闭的危险。如果创业公司还没有找到适合企业发展的主航道，还是应该多进行尝试。

预算要与贡献均等，要切合企业发展的总战略。如果是长远的战略目标，前期的投资要进行支持；在不是战略目标的项目上，要看能否为企业带来利润。企业的最终目的是达成战略目标，企业所做的预算是企业利用现有的资源为实现战略目标而进行的整合配置。不要在不能盈利的产品上浪费过多的时间，企业发展规模的变化、投资的力度、资源的分布管理都要根据客户和社会的需求进行配置。即使企业在某个领域或是某个方面有了一些成就，位居前列，但是企业若想在世界范围内引领潮流，就要在主潮流上占据主导地位。现如今，只有根据客户的需求分布企业的力量，企业才能占据潮流主导地位。

（2）注重企业发展的走向，不要一味地追求规模

通过研究华为的发展史可以看出，在企业发展过程中要时时刻刻注意

企业发展的走向，避免企业因外界诱惑而偏离既定的主航道，如果企业进入一种多元发展的模式中，那企业在抢占战略的最佳时期便会丧失占领战略高地的机会。企业的经营发展不能只是一味地追求规模，要想实现经营的有效增长，就必须要将发展的重心转移到质量、效率和效益上来。为了使企业的人力更为集中，企业在发展过程中要对那些主航道以外的产品进行人为地抑制，企业发展要学会占据市场的流量，要学会跟着市场的潮流走，要根据市场的正态分布状况，减少偏门的关注度。沿着发展的主航道，瞄准目标向前走，才会最终达到胜利的终点。

任正非曾经提到过，华为当前并没有超越时代的需求，尽管华为已经走在了队列的前面，但仍然赶不上时代的需求，也不能完全肯定地说华为已经引领时代发展的潮流了，但是这种状态在未来也是可以改变的，改变的方法就是在主航道上聚焦力量。以史为鉴，可以知兴替，除了华为，我们通过对国外那些成功的公司进行分析也会发现，大部分成功公司的经营发展都是相当聚集的，它们通常都是把目光放到了一个点上，这些成功的公司很少偏离主航道去搞一些分散的小业务。企业的一切产品无论大小都要聚焦在主航道上，这样才能够使企业始终坚守一个管理平台，这就像是如果要使水电站产生巨大的电能，就必须将江河中的水流聚集在同一条河道中一样。

华为的发展经营一直聚焦在主航道上，尽管它在发展过程中对一些企业进行过收购，那也并非是多元化经营，而是在弥补竞争力上的不足。但是收购的过程通常都伴随着风险，比如这些公司是否是皮包公司，自己本身的能力是否能挽救这些公司等。公司进行跨界收购要有能力承担风险，否则就不要盲目跟风。企业发展不能只关注旁枝末节，要在总战略上做到不可替代，不能只是把眼光放在技术层次，能够作为行业领先结构的商业模式也可以发展成为不可替代的战略。凡是在商海中你争我夺可以替代的战略都不能作为企业的战略方向。

企业发展切忌盲目创新，以免分散公司的资金和力量，要学会在主航道上发挥创造性和主观能动性，在其他非主航道业务方面要多向成功的企业学习，公司运行要保持一种稳定的状态，公司的管理体系也要尽量保证简单、有效。企业发展开拓市场靠的是积累，一个企业能够了解本行业客户的需求，对其他行业客户的需求并不一定知情，企业在不懂运作的情况下盲目进入其他行业是没有办法做解决方案的。因此，这就需要企业在初始阶段对少数的行业和客户进行聚焦。

企业在主航道上发挥创造性是相当困难的，只有不断地积累才有可能在重要的点上进行创新。企业在创新这条路上会面对异常多的困难，这些困难也会给员工的工作带来很大阻碍，因此企业在发展的过程中也要适时地对那些成绩并不显著的员工给予一些宽容，培养员工顽强的精神和毅力，引领员工勇往直前、坚持奋斗，这样才能够获得最终的胜利。

华为公司抓住了首次大数据流量出现的机遇，在世界范围内推出了支撑系统设备，赚了第一桶金，这是一种荣誉也是一种责任，华为将这份荣誉当作激励自己不断前进的动力。华为能一直走在世界的前沿，靠的就是坚持聚焦在主航道上进行创新，不在其他方面消耗战略竞争资源，紧跟时代的步伐，在技术发展方面不犹豫。

企业主航道的创新异常艰难，只有量变到一定程度才能产生质变，否则一切创新活动都只是在主航道上修修补补，并不能形成突破之势。企业效益的增长真正依靠的是聚焦主战略，企业对自己不要盲目地自信，要学会规避风险，尤其是一些没必要的风险，一心扑到主航道之外的做法是极其不可取的。企业在主航道前进的过程中要将目光放到长处和远处，不要总向两边扩张，否则就很容易与其他企业产生冲击，也容易诱发员工离职，导致企业人才的流失和团队凝聚力的破坏。企业的业务战线要小而精，多从研发、投资的角度对销售产品进行聚焦。